観光英語検定試験

問題と解説

3級

四訂版

全国語学ビジネス観光教育協会 **観光英検センター** 〔編〕

山口百々男 〔監修〕

音声無料
ダウンロード

Kenkyusha

目　　次

[iii]

iv

改訂にあたって

　世界に向けての観光キャンペーン「ようこそジャパン」に見られるように、海外から日本へ観光のために来訪する人々に「美しい日本」を紹介する動きも高まる今日この頃です。「日本の文化」また「日本の観光」に関する学習熱も以前よりも高まっています。観光英語検定試験は、このようにグローバルな時代のニーズに応え毎年実施され、海外・国内における観光に関する「知識・教養」とそれを英語で表現する「語学力」を問う試験として存続しています。

　観光英語検定試験の特色は、「海外観光事情」と「国内観光事情」の出題内容にあります。観光英語検定試験における「筆記試験」と「リスニング試験」には、そのレベル（1級から3級）に応じた語学面における『ことば』（英語と日本語）と知識面における「文化」（海外と国内の知識・教養）の内容が出題されています。

　本書を改訂するにあたり、次の特徴を念頭において編纂しました。
（1）　観光英語検定試験問題の「傾向と対策」を知る。
（2）　海外での観光の旅先で「すぐに使える観光英語」を厳選する。
（3）　国内での観光案内で「すぐに活用できる観光英語と文化教養」を
　　　厳選する。

　元来、「観光」の語源は易経（儒教の基本テキスト五経の筆頭に挙げられる経典）にある「国の光を観る」という意味です。英語ではTOURISMが広く用いられています。「光」とは何か。諸説ありますが、少なくとも単なる「物見遊山的な観光」ではなく「体験的な観光」でしょう。その国が保有する「雄大な観光地」、その国の人々が創造した「壮大な歴史を有する観光都市」、そしてその国が誇る「壮麗なまた神秘的な世界遺産（文化・自然・複合）」などを体験することでしょう。「観光」を通して人は深い感動を覚え、そして人は豊かに変容するのです。

　本書は、単なる「観光英検試験の受験書」ではなく、そのような観光を体験する前に「**英語を**」学習すること、そして観光を体験しながらその国の観光と文化を「**英語で**」学習するカギとなる入門書です。

　令和3年夏

山口百々男

[v]

観光英語検定試験の概要

主催:　　全国語学ビジネス観光教育協会
　　　　　　観光英検センター
後援:　　文部科学省
　　　　　　一般社団法人　日本ホテル協会
　　　　　　一般社団法人　日本旅行業協会
　　　　　　株式会社　JTB 総合研究所
試験実施日:
　　　　　　10 月下旬　3 級・2 級・1 級
　　　　　　願書受付期間: 7 月初旬〜9 月中旬

●お問い合わせ先／受験案内・願書等申し込み先
　〒101-0061 東京都千代田区神田三崎町 2-8-10　ケーブビル 2F
　観光英検センター (全国語学ビジネス観光教育協会内)
　TEL 03-5275-7741　FAX 03-5275-7744
　http://www.zgb.gr.jp　E-mail:info@zgb.gr.jp

(1)　観光英語検定試験

　観光英語検定試験 (TEPT = Tourism English Proficiency Test) は、グローバル化された世界の中での観光分野・旅行分野において、特定の資格を与えるために必要な「語学」(「読む・書く・話す・聞く」における総合的な英語コミュニケーション能力) と「文化」(海外または国内における「観光事情」や「日本事情」における総合的な基礎知識) に関する教養とその運用能力の有無をはかる試験である。
　[注] 以下、観光英語検定試験を「**観光英検**」と略す。

(2)　観光英検の認定基準と運用範囲

　観光英検には「1 級・2 級・3 級」の各レベルがある。

3 級 (初級レベル)

1.　英検 (実用英語技能検定) 3 級程度／ TOEIC [D] レベル (220-470)
2.　海外における「団体旅行」に参加して、少人数での観光名所巡り、ホ

テル・レストラン、ショッピングなどにおいて必要とされる観光・旅行全般に関する基礎的な英語を運用することができる。
3. 国内において外国人に対して「道案内」や「パンフレット類」などを英語で説明することができる。また日本の観光名所、さらには日本の伝統文化や現代文化をやさしい英語で紹介することができる。

2級（中級レベル）
1. 英検（実用英語技能検定）2級程度 / TOEIC［C］レベル（470–600）
2. 観光・旅行関係の業界において、海外業務に携わる時に必要とされる基礎的な英語を運用することができる。
3. 海外における「個人旅行」を予約するとき、個人で旅程を組み、乗物やホテルの予約、また単独で観光や買物などの際英語で対処することができる。
4. 国内において外国人に対して、日本の観光名所や名所旧跡、また日本の伝統文化や現代文化など、日本の観光事情や文化事情を英語で紹介することがきる。

1級（上級レベル）
1. 英検（実用英語技能検定）準1級・1級程度／TOEIC［B・C］レベル（600–860）
2. 国内（inbound）において、「外国人観光客」に対して日本各地の観光地 や名所旧跡などを英語で紹介しながら「通訳ガイド」（Guide-Interpreter）ができる。
3. 海外（outbound）において、日本から同行する「日本人観光客」などを接遇しながら英語で「添乗」（Tour Escort）することができる。
4. 国内または海外のエアライン関連の業務遂行にあたり、外国人に対して十分に接客できる「客室乗務員」（Flight Attendant）や「地上係員」（Ground Staff）として英語で対応することができる。
5. 国内または海外のホテル・レストラン関連の業務遂行において、外国人に対して十分に接客できる「ホテル主任」（Hotel Assistant Manager）として英語で対応することができる。
6. その他、観光・旅行関連の広い教養と一般常識を保ちながら、海外また国内において英語で活躍できる。
7. 海外における風俗習慣や国際儀礼などの「異文化」を英語で理解する

ことができる。

（3）　観光英検の試験方法

〈1〉　試験の所要時間

◆ 3 級　筆記試験: 60 分　リスニング試験: 約 30 分

◆ 2 級　筆記試験: 60 分　リスニング試験: 約 30 分

◆ 1 級　筆記試験: 10 分　面接試験: 約 10 分

〈2〉　試験問題の番号

出題される設問が「通し番号」で統一されている。

| 2 級・3 級 |

「筆記試験」は (1)〜(50)、「リスニング試験」は (51)〜(90)、合計
90 題となっている。

| 1 級 |

「筆記試験」は (1)〜(4) 4 題、「面接試験」は (1) から (4) 4 題、合
計 8 題となっている。

〈3〉　出題の方式

| 2 級・3 級 |

「筆記試験」と「リスニング試験」における全問は、四肢択一式の「客
観問題」であり、すべて 4 つの選択肢のうちから正解を 1 つ選び、解
答用紙のマーク欄を塗りつぶす「四択・マークシート方式」となって
いる。

| 1 級 |

「筆記試験」は「英文和訳」「和文英訳」を**記述方式**で行う。

「面接試験」は、特定課題について試験官と受験者とによる**英問英答**で
行う。

| 2 級・3 級 |

〔筆記試験〕

(1)　「適語の選択」(**観光用語**の問題): 設問には「適語」を選択するよう
　　に下線が施され、その問題に対して 4 つの選択肢の中から正解を 1
　　つ選ぶ。

(2)　「語句・適文の選択」(**対話・会話**の問題): 設問には「語句・適文」
　　を選択するように下線が施され、その問題に対して 4 つの選択肢の
　　中から正解を 1 つ選ぶ。

(3) 「語句の整序」(**英文構成**の問題)：設問には「適切な文章」を構成するように下線が施され、その問題に対して4つの選択肢の中から正解を1つ選ぶ。

(4) 「正誤選択」(**英文読解**の問題)：指定された英文資料を読み、その内容について正しいものを4つの選択肢の中から選ぶ。または内容と一致する「正しい文」、あるいは「正しくない文」を4つの選択肢の中から1つ選ぶ。

(5) 「内容一致」(**海外観光・日本観光**の問題)：指定された設問を読み、その内容と一致する文章となるよう英語または日本語の「適切な語句」を4つの選択肢の中から1つ選ぶ。

〔リスニング試験〕

(6) 「写真描写」：指定された「**写真**」に対して、4つの選択肢の中から正解を1つ選ぶ。

(7) 「イラスト描写」：指定された「**イラスト**」に対して、4つの選択肢の中から正解を1つ選ぶ。

(8) 「対話方式」：設問された「**対話文**」においてコミュニケーションが成立するように、4つの選択肢の中から正解を1つ選ぶ。

(9) 「会話方式」：設問された「**会話文**」においてコミュニケーションが成立するように、4つの選択肢の中から正解を1つ選ぶ。

(10)「観光事情」：指定された「**海外観光事情**」また「**国内観光事情**」に対して、4つの選択肢の中から正解を1つ選ぶ。

1級

「筆記試験」は「英文和訳」「和文英訳」を**記述方式**で行う。

「面接試験」は、特定課題について試験官と受験者とによる**英問英答**で行う。

(4)　観光英検の問題の形式と内容
・「3級・2級」における問題の形式と内容
【1】　出題の形式

筆記試験

[A] 語学面

設問 1.　『観光用語』の問題 (Vocabulary)

　　　　　適語の選択 (Fill-in-the-Blank)

　　　　　　[Part A] 英―和形式：「海外用語」[1]～[3]・「国内用語」[4]

　　　　　　～[5]

　　　　　　[Part B] 和―英形式：「海外用語」[6]～[8]・「国内用語」[9]
　　　　　　～[10]

設問 2.　『英語コミュニケーション』の問題 (Communication)
　　　　　適文の選択 (Fill-in-the-blank)
　　　　　[Part A] 対話形式：「海外観光」[11]～[13]・「国内観光」[14]
　　　　　～[15]
　　　　　[Part B] 会話形式：「海外観光」[16]～[18]・「国内観光」[19]
　　　　　～[20]

設問 3.　『英文構成』の問題 (Composition)
　　　　　語句の整序 (Word order / Fill-in-the-Underline)
　　　　　「記述形式」：「海外観光」あるいは「国内観光」[21]～[26]

設問 4.　『英文読解』の問題 (Reading Comprehension)
　　　　　正誤の選択 (Multiple-choice by filling-in-the-blank)
　　　　　[Part A]『記述』「海外観光事情」[26]～[30]
　　　　　[Part B]『記述』「国内観光事情」[31]～[35]
　　　　　[Part C]『会話』「国内観光事情」[36]～[40]

[B]　知識面

設問 5:　『観光事情』に関する内容把握の問題 (Overseas Tourism & Japanese Tourism)
　　　　　適語・適文の選択 (Multiple-choice by filling-in-the-blank)
　　　　　[Part A]「海外観光」[41]～[43]・「海外文化」[44]～[45]
　　　　　[Part B]「国内観光」[46]～[48]・「国内文化」[49]～[50]

リスニング試験

[A] 語学面

設問 6.　『写真描写』による状況把握 (Picture Format)
　　　　　「海外観光」[51]～[53]・「国内観光」[54]～[55]

設問 7.　『イラスト描写』による状況把握 (Illustration Format)
　　　　　「海外観光」[56]～[58]・「国内観光」[59]～[60]

設問 8.　『対話』に関する内容把握 (Dialog Format)
　　　　　「海外観光」[61]～[65]・「国内観光」[66]～[70]

設問 9.　『会話』に関する内容把握 (Conversation Format)
　　　　　「海外観光」[71]～[75]・「国内観光」[76]～[80]

[B]　知識面

設問 10.『観光事情』に関する内容把握。
　　　　【3 級】観光に関する「英会話」(Conversation Format)
　　　　[Part A]「海外観光」[81]〜[85]
　　　　[Part B]「国内観光」[86]〜[90]
　　　　【2 級】観光に関する「英文記述」(Description Format)
　　　　[Part A]「海外観光」[81]〜[85]
　　　　[Part B]「国内観光」[86]〜[90]

【2】　出題の内容

① 旅行関連

　主として「語学面」での観光英語・旅行英語を問う内容である。したがって「出題の形式」で前述したように、筆記試験では「設問 1」から「設問 4」、リスニング試験では「設問 6」から「設問 9」までの範囲と関連する。

1.　エアライン
　　出発: 自動搭乗手続き・検問・出入国手続き・顔認識機・免税店、搭乗など
　　機内: 設備・座席・化粧室・機内食・機内販売・離着陸など
　　到着: 通過乗客・乗り換え客・入国荷物受取・税関申告など
2.　ホテル
　　フロント部門: 自動チェックイン・チェックアウト・会計・顔認識機など
　　宿泊部門: 客室・客室設備・各種接客サービスなど
　　宴会部門: 宴会・各種会議など
3.　レストラン
　　飲食部門: 食堂・カフェショップ・バー・宴会など
　　食堂: 予約・注文・従業員など
　　食事: 朝食・昼食・夕食・バイキング・カフェテリアなど
　　献立: 飲物・前菜・スープ・魚介類・肉食類・果物など
4.　ショッピング
　　デパート: 案内・売場 (衣類、化粧品、靴、カメラ、バッグ) など
　　専門店: 装身具・宝石・美術品・工芸品・陶芸品など
　　免税店: 酒類・香水・菓子類など
5.　交通機関
　　陸運: 鉄道 (列車)・自動車 (タクシー、バス等)、ホームドアなど

　　　航空: 飛行機・航空会社・飛行場・飛行など
　　　海運: 船舶・船舶会社・船着場・航海など
　6.　観光・旅行
　　　観光: 見物、見学、観光地、観光名所、写真撮影など
　　　旅行: 企画、手配、旅程、申込、予約、料金、運賃など
　　　案内: 運送機関、切符の購入、掲示など
　7.　通信・銀行
　　　電話: 携帯電話・Eメール・インターネット・ファックス・通信文など
　　　郵便: はがき、切手、郵便物、小包、配達など
　　　銀行: 換金・クレジットカード・トラベラーズチェックなど
　8.　娯楽・レジャー
　　　観賞: 美術館、博物館、演劇、音楽、コンサートなど
　　　娯楽: カラオケ、ディスコ、ナイトクラブ、カジノなど
　　　スポーツ: 野球、テニス、ゴルフ、水泳、サーフィンなど
　9.　病気・医薬
　　　病院: 病棟、施設、医者、患者、診察、医療器具など
　　　病気: 内科、外科、婦人科、耳鼻咽喉科、歯科、精神科など
　　　医療: 内服薬、薬剤、薬草、処方箋、服用など
　10.　観光・旅行情報
　　　世界の主要都市・空港コードなど
　　　国名・国民・国語・都市・通貨単位など

② 観光関連

★近年「英語通訳ガイド試験」の受験者が「観光英語検定試験」を受験する傾向がある。前者は主として「インバウンド」(海外からの外国人が訪日する旅行)を中心とするが、後者は「インバウンド」と「アウトバウンド」(日本から海外に向けての旅行)の両面を目標とする。これは英語関連の検定試験の中で「観光英検試験」のみが有する特色である。
　「観光英語検定試験」は、海外と国内の「観光」と「旅行」を主たるテーマとしている。特に「設問5」と「設問10」の「Part B: 国内観光の既出例」における「英語」と「知識」は、「通訳ガイド試験(第1次・第2次)」の内容としてもひんぱんに出題されている。「設問5」と「設問10」は、「英語で」海外・国内の観光事情・文化事情の「知識・教養」を検定するこ

とになっている。

　下記に列挙された国名・地名・観光名所・文化遺産などの内容は、各「3
級」と「2級」の書籍に記載されている。

■ 設問5 　海外観光と国内観光に関する問題
★下記 [Part A] と [Part B] における各級【3級・2級】の後に記載され
ている「国名・県名・固有名・風物」などは、本書第5章の「出題例」(41
〜50) または「演習例」(1〜10) で取り上げられている。1例を挙げたに
すぎないので、他は本文を参考にすること。

　なお、新ガイドラインでは、選択肢には「国名・県名」は「固有名 (地
名・文化など)」で列挙される場合がある。出題に関する「形式」は異なる
が「内容」はほぼ同じである。

[Part A] 『海外観光の既出例』
1. **世界遺産**：宗教施設 (教会・寺院・モスク)・景勝地・遺跡と史跡・名
　 所旧跡など。
　 【3級】(41) the Taj Mahal (インドにあるタージ・マハル霊廟)
　 【2級】(3) Sistine Chapel (バチカン宮殿内にあるシスティーナ礼拝
　 堂)
2. **自然資源**：自然景観、国立公園・州立公園・半島・山岳・渓谷・湖沼
　 など。
　 【3級】(3) Chichen-Itza (メキシコにあるチェン・イッツァ [マヤ文
　 化遺産])
　 【2級】(1) the Jungfrau (スイスにあるユングフラウ山地の最高峰)
3. **文化資源**：歴史的建造物、教会・聖堂・寺院・宮殿・城郭・庭園。
　 【3級】(42) the Grand-Place (ベルギーのグアン・プラス：由緒あ
　 る建造物群)
　 【2級】(2) Borobudur (インドネシアにあるボロブドゥール：古代寺
　 院の遺跡)
4. **伝統工芸・郷土芸能・衣食住**：郷土料理・工芸品・特産品・美術品・
　 音楽など。
　 【3級】(44) Alcohol (アルコール (禁酒)：イスラム教の飲食物タブー)
　 【2級】(4) Islamic (law) (イスラム教の戒律 [コーラン])
5. **年中行事・祭り・風習**：国民の祝日・宗教行事・地域の例祭・慣習・

娯楽など。

【3級】［45］Travel insurance（旅行保険。旅行中の事故・災害から守る）

【2級】（5）shoulder（ローマにある「トレビの泉」での慣習）

[Part B]『国内観光の既出例』

1. **世界遺産**：ユネスコ無形文化遺産・日本国立［県立］公園・日本ジオパークなど。

　　【3級】（50）Namahage Festival（秋田県のユネスコ無形文化遺産）

　　【2級】（8）Mt.Aso（阿蘇くじゅう国立公園。日本［世界］ジオパーク）

2. **自然資源**：自然景観・半島・山岳・渓谷・海岸・温泉・洞窟など。

　　【3級】（6）Kusatsu Onsen（群馬県の草津温泉。日本三名泉の一つ）

　　【2級】（46）Katsurahama Beach（高知県の「観月の名所」・坂本龍馬銅像）

3. **文化資源**：歴史的建造物・神社仏閣・宮殿・寺院・城郭・庭園など。

　　【3級】（48）Eihei-ji Temple（福井県にある道元禅師が開山した由緒ある禅寺）

　　【2級】（6）Kanazawa（石川県の「兼六園」の所在地。日本三名園の1つ）

4. **郷土芸能・伝統工芸・衣食住**：郷土料理・伝統工芸・特産品・美術・音楽など。

　　【3級】（10）Tsukudani（佃煮。江戸時代に製造された調理食品）

　　【2級】（49）Bonsai（世界に風靡し、bonsai は今や国際英語）

5. **年中行事・祭事・風習**：国民の祝日・年中行事・祭事・地域の例祭・娯楽など。

　　【3級】（19）Makunouchi bento（江戸時代に歌舞伎の幕間に食した風習）

　　【2級】（10）Kyoto Imperial Palace（京都御所。「時代祭」の正午の起点）

■ 設問 10 　海外観光と国内観光に関する問題

［Part A］『**海外観光の出題例**』　　　　　［Part B］『**国内観光の出題例**』

【3 級】

［出題例］　朝食の種類　　　　　　　　　　富士箱根国立公園

［演習例］　空港でのトラブル　　　　　　　九州新幹線「つばめ号」

【2 級】

［出題例］　機内放送（西部から東部へ）　　合掌造り（ユネスコ世界遺産）

［演習例］　タスマニア島　　　　　　　　　沖縄県

　　　　　　（ユネスコ世界遺産）　　　　　（首里城・ひめゆりの塔など）

★ 2 級「国内観光の出題」に関しては、新ガイドラインでは「会話」では
なく「解説」になる。出題に関する「形式」は変更されても「内容」は同
じである。

・「**1 級**」における問題（筆記試験・面接試験）の形式と内容

【1】『**筆記試験**』の形式と内容

◆ 試験時間は 10 分である。

◆ 会場では受験者 1～2 名が受験する。

◆ 試験内容は、「**英文和訳**」と「**和文英訳**」における各「**海外観光**」と「**国
内観光**」である。

《1》英文和訳

　設問 1 　海外観光：《例題 1》『**グランド・キャニオン国立公園**』（世界
　　　　　遺産）

　設問 2 　国内観光：《例題 2》『**合掌造りの民家（白川郷）**』（世界遺産）

《2》和文英訳

　設問 3 　海外観光：《例題 3》『**モン・サン・ミシェル**』（世界遺産）

　設問 4 　国内観光：《例題 4》『**2020 東京オリンピックエンブレム**』

【2】『**面接試験**』の形式と内容

◆ 試験時間は約 10 分である。

◆ 受験者（1 人）は試験官による「英問英答」と「英語による説明」があ
る。

◆ 面接内容は、「海外観光事情」と「国内観光事情」に関する記事である。

《1》英問英答

指定された記事内容に関する「英問英答」が実施される。

各設問には 5 題の質問が設定されている。

> 設問 1　英語で書かれた「海外観光事情」に関する記事内容について試験官から英語で質問される。受験者は記事内容を見ながら英語で答える。
>
> 《例題 1》『**海外での空港手続**』
>
> 「質問事項」: 5 題

> 設問 2　日本語で書かれた「国内観光事情」に関する記事内容について試験官から英語で質問される。受験者は記事内容を見ながら英語で答える。
>
> 《例題 2》『**日本旅館**』
>
> 「質問事項」: 5 題

《2》英文紹介

特定の課題（与えらえた題目）に関する「英文による紹介」が実施される。

◆ 受験者は試験官から特定の課題に関する設問が与えられ、英語で即答する。受験者が特定の課題について説明し終えると、試験官はその内容に関して質問をすることがある。

> 設問 3　英語で問われた「海外観光」に関する課題について、受験者は試験官に英語で説明する。
>
> 《例題 3》『**バチカン市国** (世界遺産)』
>
> 「質疑応答」: 1〜2 題 (あるいは 3 題)

> 設問 4　英語で問われた「国内観光」に関する課題について、受験者は試験官に英語で説明する。
>
> 《例題 4》『**富士山** (世界遺産)』
>
> 「質疑応答」: 1〜2 題 (あるいは 3 題)

音声について

　本書の音声 (MP3) は、研究社ウェブサイトから以下の手順で聴くことができます (http://www.kenkyusha.co.jp/)。

　まず、研究社ウェブサイトのトップページより「音声各種資料ダウンロード」にアクセスし、一覧の中から「観光英語検定試験 3 級」を選んでください。

【ダウンロードする場合】

(1) 上記から聞いたページで「ダウンロード」のボタンをクリックすると、ユーザー名とパスワードの入力が求められますので、以下のように入力してください。

　　　ユーザー名: guest

　　　パスワード: TEPT34

(2) ユーザー名とパスワードが正しく入力されると、ファイルのダウンロードが始まります。PC でダウンロード完了後、解凍してご利用ください。

【ウェブ上で聴く場合】

(1) 上記から聞いたページで「音声を聞く」のボタンをクリックすると、ユーザー名とパスワードの入力が求められますので、以下のように入力してください。

　　　ユーザー名: guest

　　　パスワード: TEPT34

(2) 音声用のページが開きますので、聞きたい箇所のボタンを押してください。

　音声ファイルには本文の中で「音声 1」「音声 2」……と記した部分のデータが収録されています。

※スマートフォンやタブレット端末で直接ダウンロードされる場合は、解凍ツールと十分な容量が必要です。Android 端末でダウンロードした場合は、ご自身で解凍用アプリなどをご用意いただく必要があります。

※パソコンでダウンロードして、スマートフォンなどへ転送することもできます。音声ファイルの転送の仕方につきましては、スマートフォンなどの取扱説明書をご覧くださるようお願い申し上げます。

※なお、ご使用の機器によっては、音声がうまく再生されない場合もございます。あらかじめご了承ください。

第1部　筆記試験

第1章　観光用語の問題

出題傾向

　与えられた短文中で用いるのに最も適した「観光用語」を選択する問題です。[Part A] と [Part B] に分かれています。[Part A] では「英語」に対する「和訳」、[Part B] では、「日本語」に対する「英訳」を答えさせる問題です。いずれも、出題されているのは日常的によく用いられる観光英語の表現です。

◆出題形式

　[Part A]《英語 → 日本語》　下線部分の「英語」に対応する最も適切な「和訳」となる「観光用語」を4つの選択肢から1つ選ぶ問題です。

　[Part B]《日本語 → 英語》　下線部分の「日本語」に対応する最も適切な「英訳」となる「観光用語」を4つの選択肢から1つ選ぶ問題です。

　最近の出題数に関しては、[Part A] と [Part B] のいずれも各5問で、合計10問です。

◆出題内容

　「観光英検の形式と内容」（p. ix）で前述したように、広範囲にわたりますが、主として下記の内容が出題されています。左側は「観光英語の項目」、右側は過去の出題例を挙げた「既出問題の項目」です。「エアライン英語」、「ホテル英語」、「レストラン英語」、「観光・旅行英語」が頻繁に出題されています。受験対策だけではなく、海外を旅行する時に「すぐに使える観光英語」として役立つでしょう。

　（1）エアライン　　　immigration / boarding pass / flight attendant 等
　（2）ホテル　　　　　accommodations / reception desk / bell person 等
　（3）レストラン　　　cuisine / local food / light meal 等
　（4）ショッピング　　budget / price tag / try on 等
　（5）交通機関　　　　transfer / get off / on board 等
　（6）観光・旅行　　　abroad / tour map / sightseeing bus 等
　（7）通信・銀行　　　mail / call up / telephone booth / collect call 等
　（8）娯楽・レジャー　gallery / world exhibition / revolving stage 等

（ 9 ）病気・医薬品　　medicine / hospital / headache 等
（10）観光事情　　　　foreign currency / full-day trip / VIP room 等

◎参考図書◎
『観光のための初級英単語と用例』（三修社刊、山口百々男著）

出 題 例

〈A〉　英語 → 日本語

─【出題例 1–A】─────────────────

次の（1）から（5）の下線部分の英語に対応する最も適切な和訳を、
a)、b)、c) および d) の中から一つずつ選びなさい。

（ 1 ）　What's the purpose of your visit?
　　a) 期間　　　　b) 費用　　　　c) 方法　　　　d) 目的

（ 2 ）　He works as a customs inspector.
　　a) 会計係　　　　　　　　b) 運送係
　　c) 出入国審査官　　　　　d) 税関審査官

（ 3 ）　Please fill in this registration card.
　　a) 書留　　　　b) 戸籍　　　　c) 宿泊　　　　d) 認定

（ 4 ）　We arrived at the destination in roughly two hours.
　　a) 地域　　　　b) 目的地　　　c) 観光地　　　d) 遺跡

（ 5 ）　We must transfer from a train to a bus.
　　a) 下車する　　　　　　　b) 乗車する
　　c) 途中下車する　　　　　d) 乗り換える

────────────────────────────

〈B〉　日本語 → 英語

【出題例 1–B】

　次の (6) から (10) の下線部分の日本語に対応する最も適切な英訳を、a)、b)、c) および d) の中から一つずつ選びなさい。

（6）　この飛行機は何時に成田に着陸しますか。

What time will we ＿＿＿＿＿＿ at Narita?

a) depart　　　b) connect　　c) land　　　　d) reach

（7）　片道切符、それとも往復切符がよろしいですか。

Would you like a one-way ticket or a ＿＿＿＿＿＿ ticket?

a) double　　　　　　b) round-trip
c) shuttle　　　　　　d) two-way

（8）　セントラル駅まで連れていってくださいますか。

Could you please ＿＿＿＿＿＿ me to Central Station?

a) catch　　　b) take　　　c) allow　　　d) owe

（9）　あの表示は何と書いてありますか。

Could you please tell me what that sign ＿＿＿＿＿＿?

a) plays　　　b) runs　　　c) says　　　d) writes

（10）　昨日京都に観光に行きました。

We went sightseeing ＿＿＿＿＿＿ yesterday.

a) by Kyoto　　　　　　b) for Kyoto
c) in Kyoto　　　　　　d) to Kyoto

解答と解説

〈A〉　英語 → 日本語

【出題例 1–A】

■解　答■　（1）—d）　（2）—d）　（3）—c）　（4）—b）　（5）—d）

(1)　お客様の訪問の<u>目的</u>は何ですか。

| 解説 |　**d**) が正解です。**purpose**〈名〉「目的」。海外に入国する場合、入国審査 (immigration) において最初に質問される項目の中にある「来訪の目的」に関する決まり文句です。purpose は「目的」という意味ですが、係員によってはいろいろな表現があります。「(米国へ) 訪れる目的は何ですか」と聞かれる場合、【空港】〈1〉What is your *purpose* in visiting (the United States)? 〈2〉For what *purpose* are you visiting (the United States)? 〈3〉For what *purpose* did you come to (the United States)? 〈4〉Why are you visiting (the United States)? などと質問されることがあります。ちなみに the Unites States の代わりに海外の国名 (例: France) を入れて活用できます。また国名が明白な場合 here を用いることもあります: For what *purpose* are you visiting *here*?「当地への訪問目的は何ですか」。米国などでは相手の目を見て話す習慣があるので、入国審査や税関などでは審査官の目をしっかり見て話すことです。また誤解される恐れがないように話の途中で目をそらさないように注意しましょう / visit〈名〉「訪問」。【観光】 Is this your first *visit* to the States?「米国を訪れるのは今回がはじめてですか」⇒【英語コミュニケーション: 出題例 2–A (15)】(p. 35)

【注】 a)「**期間**」term (契約などの一定の期間); period (不特定の期間)。【観光】 We plan to stay in the United States for a long *period* this time.「今回は長期間米国に滞在する予定です」

b)「**費用**」expenses (出費); cost (実際に支払われた代価)。【劇場】We got an admission ticket at an *expense* of $80.「80 ドルを出 (費) して入場券を手に入れました」。expenses は通常は複数形で用います: travel [traveling] *expenses*「旅行費用」

c)「**方法**」〈仕方〉way; method;〈方策〉system; plan;〈手段〉means.【案内】 What's the best *way* to get to the airport? → It is the fastest *way* to take a taxi.「空港へ行くにはどれがいちばんいい方法 [手段] でしょうか」→「タクシーに乗るのが一番いいでしょう」

(2)　彼の仕事は<u>税関審査官</u>です。

| 解説 |　**d**) が正解です。**customs inspector**「税関審査官; 税関吏」。customs officer, customs official とも言います。【空港】 Please give this customs declaration form to the *customs inspector* at the exit.「この税関申告書は出口の税関係員に渡してください」。customs〈名〉「税

関」。inspector〈名〉「審査官」。customs declaration「税関申告」。cf.「口頭申告」(oral declaration)と「書面申告」(written declaration)があります。通常は「口頭申告」で済ませます。/ *customs* clearance 通関手続き (= *customs* formalities [procedures]) / *customs* inspection 税関検査 / *customs* declaration card [form] 税関申告書 / *customs* duty [duties] 関税。

【注】　a)「**会計係**」cashier. accounting clerk とも言います。売店・食堂などのレジ(係)、(銀行の)現金出納係、(会社の)会計係のことです。【レストラン】　Please pay your bill [〈米〉check] at the *cashier*.「勘定はレジ係でのお支払いをお願いします」

　　b)「**運送係**」carrier (運ぶ人):mail carrier「郵便配達人」。類語に expressman (荷物集配人) があります。

　　c)「**出入国審査官**」immigration officer; immigration inspector.【空港】　What shall I do to finish the departure procedures? → You only have to present the *immigration officer* with your passport, embarkation card and boarding pass.「出国手続きはどうすればよろしいのですか」→「出国管理官に旅券と出国カードそれに搭乗券を提示すればよいのです」

(3)　この<u>宿泊カード</u>にご記入ください。

　解　説　c) が正解です。**registration**「宿泊」。registration card は「(ホテルの)宿泊登録カード;宿泊者登録用紙」のことで registration form とも言います。「宿泊登録カード」には通常次のような記入事項があります。◇Arrival Date (到着日) ◇Departure Date (出発日) ◇Home Address (number, street, city, state、zip code) (住所) ◇Tel: (電話) ◇Name (last, first, middle) (Mr. Mrs. Miss) (芳名) ◇Date of Birth (生年月日) ◇Name of Firm (会社名) ◇Nationality (国籍) ◇Occupation [Profession] (職業) ◇Position (職種名) ◇Passport No. (旅券番号) ◇Signature (自筆の署名) REMARKS: Money and valuables must be deposited in the office safe. Otherwise the hotel will not be responsible for any loss. (備考:現金・貴重品などの紛失については責任を負いかねますので、必ずフロント会計係にお預けください)。ちなみに海外のホテルの「フロント」には REGISTRATION や FRONT DESK または RECEPTION などと掲示されています。

【注】　a)「**書留 (郵便)**」registered letter;〈米〉registered mail;〈英〉

registered post などがあります：registered express letter 書留速達 / registration fee 書留料。

b)　「**戸籍**」family register: abstract of one's family register 戸籍抄本 / a copy of one's family register 戸籍謄本 / initial entry of a family register 戸籍原本。

d)　「**認定**」acknowledgement（認知すること。〈動〉acknowledge）。approval（承認すること。〈動〉approve）。authorization（認可すること。〈動〉authorize）：*authorized* money exchanger「公認両替所」

(4)　私たちは 2 時間ほどで目的地に到着しました。

解説　**b**) が正解です。**destination**〈名〉「（旅行の最終）**目的地**」。旅行者が訪れる「旅行訪問先」のことです。【交通】 Am I on the right bus [train]? → What's your *destination*, sir? → (My *destination* is) London.「私が乗るのはこのバス [列車] でよいのでしょうか」→「お客様の目的地はどこですか [どちらまでですか]」→「ロンドンです」(= I'm going to London)。日本語の「どこですか」と尋ねるからといって Where is your destination? とは言いません。What is the capital of Korea?「韓国の首都はどこですか」なども同様です。destination には航空会社が運航している「行き先」のことを指す「（最終）到着地、終着地、就航地」(*destination* airport 到着空港)、また「（荷物・手紙などの）送付先、届け先、宛先」の意味もあります。destination hotel time は「宿泊予定地の時間」(= destination inn time) の意味です。米国には本土だけでも 4 つの標準時間帯 (Standard Time zones) があります。また大部分の州 (States) でサマータイムが実施されています。予定地に予約したホテルの到着時間には要注意です。通常は午後 4 時までに変更 (change) または取り消し (cancelation) の通知が必要です。

【注】　a)　「**地域**」area; region; district; zone などがあります。特によく用いる district は region より広く、ある特色・機能をもった「地方」、都市などの特定の「地域」を指します：the Kanto *District* 関東地方 / business *district* (of a town)（町の）商業地区 / theater *district* 劇場街。

c)　「**観光地**」tourist resort; tourist site; sightseeing spot; place of interest などがあります。特に tourist attraction「観光名所」(= highlight; landmark) は観光英語としてよく用いられます。

d)　「**遺跡**」remains; ruins: the *remains* of Ancient Greece 古代ギリシャの遺跡 / the Toro-Iseki *remains* [*ruins*] 登呂遺跡（静岡県）。

(5)　私たちは列車からバスに乗り換えなくてはいけません。

解説　d) が正解です。**transfer**〈動〉「**乗り換える**」(= change from one train to another)。transfer のアクセントは名前動後（名詞は前置、動詞は後置）です。【空港】 If you are planning to *transfer* from an international flight to a domestic flight, be sure to allow yourself enough time between the flights.「もし国際線から国内線に乗り換える予定の場合、必ずその間には十分な余裕をみておくべきです」。cf. transfer〈名〉「乗換、乗り継ぎ；乗換駅 (=〈英〉junction)」。乗客が降りた経由地で別の飛行機に「乗り換える［乗り継ぐ］こと」です。transfer passenger は「乗換客」。留意すべき観光用語があります。transit は「通過；寄港」の意味です。入国するのではなく「一時的に通過［寄港］すること」です。寄港した空港内で待ち、その後引き続き同じ飛行機あるいは乗り継いだ飛行機で再出発します。transit passenger は「通過客」と呼ばれ、transit card（通過客用カード、再搭乗券）が渡され、transit room［lounge］（通過客用待合室［ラウンジ]）などで待機します。

【注】　a)「**下車する**」① get off 飛行機・列車・バス・船など大型の乗物から「降りる」ことです。反意語は get on（乗る）です。【交通】 I'm *getting off* at the next station.「次の駅で降ります」(= I'll have to *get off* at the next stop.)。② get out of タクシー・乗用車・エレベーターなど小型の乗物から「降りる」ことです。反意語は get in［into］（乗る）です。【交通】 I'll *get out of* the taxi at the hotel.「ホテルでタクシーから降ります」

　　b)　「**乗車する**」① get on 飛行機・列車・バス・船など大型の乗物に「乗る」ことです。反意語は get off（降りる）です。*get on* the train in haste「急いでこの列車に乗る」。*get on* the bus to the hotel at Boston「ボストンでホテル行きのバスに乗る」。② get into タクシー・乗用車・エレベーターなど小型の乗物に「乗り込む」ことです。反意語は get out of（降りる）です。【交通】 I *got into* the taxi at the airport.「空港でタクシーに乗りました」

　　c)　「**途中下車する**」stop over 乗物を途中で下車［降機；寄港］することです。【交通】 You can *stop over* and get another bus with this ticket.「途中下車してこの切符で他のバスに乗れます」。stop over は旅先でしばらく「泊る」という意味もあります。【旅行】 We'd like to *stop over* in［at］Boston on our way back to Japan.「日本へ帰る途中ボス

トンに立ち寄りたいのです」in は途中多少滞在する時、at は単なる中継地
点の時に用いる傾向があります。cf. stopover〈名〉「途中下車；途中降機；
途中寄港；（旅行途中での）短期滞在」: *stopover* station 途中下車駅 / make
a *stopover* in Boston ボストンに途中下車する。

〈B〉　日本語 → 英語
【出題例 1–B】
■解　答■　(6) —c)　　(7) —b)　　(8) —b)　　(9) —c)　　(10) —c)

(6)　What time will we land at Narita?

解説　**c**) が正解です。**land**〈動〉「（飛行機が）着陸する」（= touch
down; make a landing）。反意語は take off（離陸する）です。【空港】
When will the plane be *landing* at the airport? → We'll be *landing*
there in about 40 minutes.「飛行機は空港にいつ着陸しますか」
（= What time will the plane *land* at the airport?）→「当機はあと 40 分
ほどで着陸します」（= It'll *land* there within 40 minutes.）。cf. 名詞で
は「陸、陸地、地上」の意味です。land「陸」に対して sea「海」、sky
「空」に対して ground「地面」があります。by land「陸路で」: He trav-
els *by land*, but returns home by sea or by air.「陸路で旅するが、帰
りは海路か空路にする」

【注】　a) **depart**〈動〉「（人・乗物が）出発する」（= leave; start）。反意
語は arrive, reach（到着する）です。時刻表では略語〈dep.〉を用います。
dep. New York 2:30 p.m.「午後 2 時 30 分ニューヨーク発」。depart は
同じ意味の start「出発する」また leave「立ち去る」よりは形式的な表現
です。前置詞の用法に注意しましょう。【空港】　The plane will start
from Milan *for* Rome at 10 p.m.「飛行機は午後 10 時にミラノを発って
ローマに向かう」。【観光】　They'll leave Milan *for* Rome tomorrow.
「彼らは明日ローマに向けてミラノを発つ」

　　b)　**connect**〈動〉「（飛行機・船舶・列車・バスなど交通機関が）接続
する、連結［連絡］する」（= make connection）。【交通】　This bus
connects with the 2:00 p.m. train.「このバスは午後 2 時の列車と接続し
ています」

　　d)　**reach**〈動〉「到着する」（= arrive at［in］, get to）。反意語は start
（出発する）です。【駅舎】　This train *reaches* Boston at 5:30 p.m.「列
車は午後 5 時 30 分にボストンに着きます」（five thirty と言います）。

(7)　Would you like a one-way ticket or a round-trip ticket?

解説　**b**) が正解です。**round-trip** ticket「往復切符」。英国では return ticket と言います。反意語は one-way ticket (片道切符) です。【駅舎】 A ticket to Boston, please. → One-way or *round-trip*? → *Round-trip* (*ticket*), please. What's the price of a *round-trip ticket*?「ボストンまでの切符をお願いします」→「片道ですか、それとも往復ですか」(日常会話では通常略形を用います) →「往復 (切符) でお願いします。往復切符はいくらですか」

【注】　a) **double**〈形〉①「2 倍の、倍の」: *double* door 両開きのドア / *double* fare 往復運賃。(例) We paid *double* the price.「私たちはその倍の価格を支払った」。「double the + 名詞」の語順になります。②「二重の、対になった」: *double* lock (on the door) (ドアの) 二重の錠 (内側から鍵をかけること。自動ロックのほかに二重に施錠することになり、マスターキーでも開錠できなくなる) / *double* seat 2 人掛けの座席。③「(部屋・ベッドが) ダブルの、(ホテルにある) 2 人用客室の」: *double*-bedded room in a hotel ホテルのダブル・ルーム。

　c)　**shuttle**〈名〉「(近距離用) 定期往復便」。折り返し運転の飛行機・バス・列車などの特定区間を定期的に往復する乗物のことです: *shuttle* bus 近距離往復バス。主として次の 2 つの意味があります。①「(空港内) 循環バス」(= *shuttle* bus to and from the airport)。大きな空港のターミナルを定期的に往復する [ぐるぐる回る] バス。空港で予約なしで受け付け、先着順に乗車できるバスです。②「ホテル送迎用の往復バス」(= *shuttle* bus to and from the hotel)。空港とホテル (またはショッピング・センターなど) の間を結ぶ無料 (または有料) のバスです。

　d)　**two-way**〈形〉「両面交通の; 相互的な」: *two-way* highway 分離帯の代わりに中央線がひいてあるだけの自動車道路 / *two-way* street 両面交通路。

(8)　Could you please take me to Central Station?

解説　**b**) が正解です。**take**〈動〉①「(人を) 連れて行く」。反意語は bring「(人を) 連れて来る」です。He *took* us to the park.「彼は私たちを公園に連れて行った」(= He *went to* the park with us.)。cf. He *brought* us to the park.「彼は私たちを公園に連れて来た」(= He *came to* the park with us.)。「もの」が主語になることがあります。【空港】 Will this limousine bus *take* us to our hotel, the Hilton? → Yes.

Your hotel is on the bus route.「このリムジンに乗れば私たちのホテル、ヒルトンに着きますか」→「はい。お客様のホテルはバス経路にあります」。②「(ものを) 持って行く」。反意語は bring「(ものを) 持って来る」です。【空港】 Please *take* my baggage to the JAL counter. I'd like to take Flight 234 for Boston.「私の荷物を日本航空カウンターまで持って行ってください。ボストン行きの 234 便に乗りたいのです」

【注】　a) **catch**〈動〉「(列車・バス・船などに) 間に合う；(人・ものに) 追いつく」。反意語は miss (乗り損なう) です。「(バスに) 乗る」は get on [board] (a bus) を用いますが、「バスに乗って行く」は take a bus または go by bus と表現します。【駅舎】 Did you *catch* the last train? → No. I missed it by just a minute.「最終電車に間に合いましたか」→「いや、ほんの 1 分で乗り遅れました」

　　c)　**allow**〈動〉[əláu] (発音注意)「許す、許可する (= permit; let)」。allow は「消極的な許可」、permit は「積極的な許可」、let は「阻止せず相手の意志どおりさせる許可」を表します。【観光】 You're not *allowed* to take pictures inside the cathedral, especially not with a flash.「大聖堂内部では写真撮影が禁止されています。特にフラッシュは使用できません」

　　d)　**owe** [ou]〈動〉①「(人に) 借りがある」: I *owe* you for my dinner.「君に食事代の借りがある」。②「(代金を) 借りている、借金している」: How much do I *owe* you?「いくらですか」。How much is it? とも言います。直訳すれば「あなたにいくら借りていますか」という意味です。ホテルで宿泊者が会計をする時、または買物などをした顧客が代金を払う時に用いる慣用表現です。【買物】 How much do I *owe* you in all? → That comes to 90 dollars altogether, including tax.「全部でいくらですか」(= How much does it cost altogether?) →「税込みで合計 90 ドルです」。③「おかげである」: I *owe* what I am to you.「今日あるのもあなたのおかげです」

(9)　Could you please tell me what that sign <u>says</u>?

　解説　c) が正解です。**say**(s)〈動〉「(書物・掲示などに) 〜と書いてある」。受身形また進行形としては使用できません。【空港】 The air ticket *says* our departure time of the flight is 1:50 p.m.「航空券にはその便の出発時間は午後 1 時 50 分だと書いてあります」According to the air ticket, our departure of the flight is 1:50 p.m. とも書き替えられます。

【観光】　What does the itinerary *say*? → It *says* we leave tomorrow morning at seven-thirty.「旅程には何と書いてありますか」→「明朝7時30分に出発すると書いてあります」

【注】　a)　**play**(**s**)〈動〉「遊ぶ；演奏する；振舞う」。多様な意味をもっています。ただし「遊びに来てください」は Come and see me, please. であって Come and play with me, please. とは言いません。

　　b)　**run**(**s**)〈動〉「(乗物が) 走る；運行する；作動する」。多様な意味をもっています。The bus *runs* between Boston and Chicago [from Boston to Chicago].「バスはボストンとシカゴの間を走行している」。ただし The bus is running の進行形では用いません。

　　d)　**write**(**s**)〈動〉「(文書などを) 書く」。受身形で「～ということが書かれている」の意味でよく用いられます。【空港】　The sign is *written* in English.「表示は英語で書かれています」。The guidebook says that . . . とは言えますが、The guidebook writes that . . . とは表現しません。【観光】　It is *written* in the guidebook that admission is free.「案内書には入場無料と書かれている」

(10)　We went sightseeing in Kyoto yesterday.

　解説　c) が正解。in Kyoto「京都を観光する」。前置詞の問題です。go sightseeing in Kyoto です。do some sightseeing in Kyoto また go on a sightseeing of Kyoto とも言います。【観光】　I'd like to *go sightseeing* [*do some sightseeing*] in the States. Can you recommend some famous places to visit for sightseeing? → Well, I'd like to recommend you go to Boston (on a sightseeing trip).「米国を観光したいのですが、観光で訪れる有名な場所を推薦していただけますか」→「そうね。(観光旅行として) お薦めはボストンです」

【注】　a)　(**drop**) **by Kyoto**「京都に立ち寄る」。come, drop などの動詞は by とともに用いて「(場所) へ [に] 立ち寄る」の意味があります。【観光】　I want to *drop by* Kyoto tonight.「今晩ちょっと京都に足を運びます」

　　b)　**for Kyoto**「京都に向かって」。for は「方向」を示す前置詞です。【観光】　He left Tokyo *for* Kyoto.「彼は東京を発って京都へ向かった」

　　d)　**to Kyoto**「京都へ (観光に行く)」。本文の意味に近い前置詞です。【観光】　We went *to* Kyoto on a sightseeing trip. または We went to Kyoto to see [〈英〉do] the sights. とも表現できます。しかし We went to Kyoto for sightseeing. とは言いません。

演習問題

《演習 1-A》

次の (1) から (10) の下線部分の英語に対応する最も適切な和訳を、a)、b)、c) および d) の中から一つずつ選びなさい。

(1)　I'd like to change these dollars into the local currency.
　　a) 外貨　　　　b) 為替相場　　c) 為替レート　　d) 現地通貨

(2)　I'd like to sit next to the aisle.
　　a) 最後部　　　b) 最前列　　　c) 通路　　　　d) 補助席

(3)　I exchanged some money at the bank.
　　a) 返金した　　b) 紛失した　　c) 引き出した　d) 両替した

(4)　Are there any tickets available for tonight?
　　a) 空きの　　　b) 余りの　　　c) 入手可能な　d) 割引の

(5)　The train fare from Chicago to Boston is 50 dollars.
　　a) 運賃　　　　b) 高速料金　　c) 入場料　　　d) 罰金

(6)　I left my personal belongings at the hotel.
　　a) 免税品　　　b) 登録カード　c) 私物　　　　d) 貴重品

(7)　Many shops will not accept large bills.
　　a) 請求書　　　b) 領収書　　　c) 紙幣　　　　d) 硬貨

(8)　You should call him before departure.
　　a) 到着　　　　b) 出発　　　　c) 滞在　　　　d) 連絡

(9)　This hotel has many kinds of facilities.
　　a) 規則　　　　b) 機能　　　　c) 施設　　　　d) 部屋

(10)　You should not lose your <u>baggage claim check</u>.
　　a) 手荷物受取所　　　　　　　b) 手荷物許容量
　　c) 手荷物引換証　　　　　　　d) 手荷物申請書

《演習 1–B》

　次の (11) から (20) の下線部分の日本語に対応する最も適切な英訳を、a)、b)、c) および d) の中から一つずつ選びなさい。

(11)　<u>食事</u>はツアーに含まれています。
　　　The ＿＿＿＿＿＿ is included with the tour.
　　a) admission　b) beverage　c) cost　　　d) meal

(12)　その美しいネックレスを<u>頂きます</u>。
　　　I'll ＿＿＿＿＿＿ this beautiful necklace.
　　a) bring　　　b) give　　　c) make　　d) take

(13)　離陸後飲み物を<u>お出しします</u>。
　　　We ＿＿＿＿＿＿ drinks after taking off.
　　a) attach　　b) fix　　　c) sign　　　d) serve

(14)　当店ではクレジットカードは<u>使えますか</u>。
　　　Do you ＿＿＿＿＿＿ credit card in this store?
　　a) accept　　b) receive　　c) take in　　d) get in

(15)　先ほど部屋の<u>料金</u>の支払いを終えました。
　　　We have just paid the room ＿＿＿＿＿＿.
　　a) mate　　　b) rate　　　c) service　　d) size

(16)　紅茶はもう少し<u>いかが</u>でしょうか。
　　　Would you ＿＿＿＿＿＿ some more tea?
　　a) care for　　b) care about　c) care of　　d) care to

(17)　何を注文するかを<u>決めました</u>か。
　　　Have you ＿＿＿＿＿＿ what you want to order?

a) decided　　b) made　　　　c) taken　　　　d) written

(18)　空港の<u>地上職員</u>は旅客が飛行機に安全に搭乗するよう手助けをします。

　　　_____ help passengers to board the plane safely.
　a) Ground staff　　　　　　b) Flight attendants
　c) Local operators　　　　　d) Tour conductors

(19)　お肉はどのような調理を<u>お好み</u>ですか。

　　　How would you _____ your meat?
　a) care　　　b) carry　　　c) like　　　d) repair

(20)　東京の市内観光ツアーを<u>手配して</u>いただけますか。

　　　Could you _____ a city sightseeing tour in To-kyo?
　a) arrange　　　　　　　　b) handle
　c) operate　　　　　　　　d) recommend

解答と解説

《演習 1–A》
■解　答■　(1)—d)　(2)—c)　(3)—d)　(4)—c)　(5)—a)　(6)—c)
(7)—c)　(8)—b)　(9)—c)　(10)—c)

(1)　ドルを<u>現地通貨</u>に両替したいのです。

解説　**d)** が正解です。local currency「**現地通貨**」。現地で流通・使用されている通貨のことです。【ホテル】 You can exchange Japanese yen for *local currency* [Euro] at your hotel.「ホテルでは日本円を現地通貨 [ユーロ] に両替できます」。local〈形〉①「現地の、地元の」。日本語で「田舎」のことを「ローカル」と言っていますが、英語の local にはそのような意味はありません。首都 (capital) に対する「地方」は provincial, 都会 (urban) に対する「田舎」は rural と言います。②「(列車など乗物が) 短い区間の；各駅停車の」。反意語は express (急行の) です。*local* line ローカル線 (特定の短い区間を走る線)。日本の「ローカル線」とは異なります。③「(電話が) 市内の、近距離通話の」*local* call「市内電話」

(= city call)。反意語は long-distance call（長距離電話）です。currency は「（現在通用している）通貨、貨幣」のことです。【通貨】 Japanese *currency* is widely used in the world. 「日本の円は世界中で広く使用されています」。*currency* exchange 通貨の両替；両替所（= currency exchange booth）/ *currency* exchange statement 貨幣交換証明書、通貨引換証明書。☆旅行前または旅行中に両替する時に受領します。旅行を終えて再度換金する場合、この証明書を要請する国もあります。

【注】 a)「外貨」foreign currency: *foreign currency* exchange rate 外貨換算率。

b)「為替相場」the exchange rate: at the (*exchange*) *rate* of 100 yen to the U.S. dollar 1 ドル 100 円の為替相場で。

c)「為替レート」the exchange rate; the rate of exchange. 両替所で用いる重要な観光英語です。exchange は名詞では主として次の意味があります。①「交換、取替え」: *exchange* check 商品券。②「両替」: foreign currency *exchange* 外貨両替所 / *exchange* of dollars for yen ドルから円への両替。⇒【演習 1–A (3) d)】(p. 17)

(2) 通路側の席に座りたいのです。

解説 c) が正解です。aisle [áɪl]（s は発音しない: isle「小島」と同音異義語です）〈名〉「通路」。旅客機・列車・劇場などの座席間の「通路」のことです。aisle seat「通路側の席」。その他は window seat「窓側の席」と center [middle] seat「中央の席」があります。大型機には通路が 2 本ありますが、その間をつなぐ脇道は cross-aisle と言います。【空港】 Which do you prefer, an *aisle seat* or a window seat? → I'd like an *aisle seat*. 「座席は通路側それとも窓側になさいますか」→「通路席をお願いします」

【注】 a)「最後部（の座席）」rear [back] seat (= seat in the rear [back] row)。rear は形容詞で「後部の、後方の」の意味です: *rear* exit of an aircraft 飛行機の後部出口。名詞では「後部、後方 (= the back)」の意味です。反意語は front（前）です。【機内】 You had better avoid the *rear* of the aircraft if you have a tendency to motion sickness. 「乗物に酔いがちであれば、航空機の後部は避けるほうがよいでしょう」

b)「最前列」front seat「最前列の座席」(= seat in the front row)。front は形容詞で「前（部）の」の意味です。【空港】 I'd like to have a *front seat* in the window side. 「窓際の最前列の座席をお願いします」

d)　「**補助席**」（タクシー）spare seat;（バス）auxiliary seat.【タクシー】 Please use the *spare seat* in front. The rear seat is for only three.「前方の補助席を使ってください。後方の座席は 3 人だけです」

```
●いろいろな席●
back-to-back seats 背中合わせの座席 / courtesy seat 優待席 ;（電
車・バスなどの）優先席 / folding seat 折りたたみ座席 / jump seat
ジャンプシート（飛行機の）客室乗務員が使用する折りたたみ式補助
席；（自動車などの）折りたたみ式の飛び出し補助席）/ love seat ロ
マンスシート（和製英語）[二人掛けのソファー]（= courting seat）/
nonreserved seat 自由席 / nonsmoking seat 禁煙席 / priority
seat 優先席 / prisoner seat（両側を人に挟まれた）窮屈な座席 /
rear-facing seat 後ろ向きの席 / reclining seat リクライニング席 /
reserved seat 予約席、指定席（= assigned seat）/ rotatable seat 回
転座席 / side-by-side seat 横並びの座席 / smoking seat 喫煙席 /
special seat 特別席 / tandem seats 縦並びの座席（= seats in tan-
dem）/ tip-up seat 上げ起こし式の座席 / vacant seat 空席（=
unoccupied seat）
```

(3)　私は銀行で少しお金を両替しました。

解説　d) が正解です。exchanged「**両替した**」。exchange〈動〉「両替する (for, at)、（外貨と）交換する (into)」。exchange Japanese yen for dollars「日本円をドルと両替する」（= change yen into dollars）。exchange one dollar at 110 yen「1 ドルを 110 円で両替する」。【銀行】I'd like to *exchange* U.S. dollar for Euro. What's the exchange rate for Euro today? → It's 1.3 dollar to Euro.「米ドルをユーロに両替したいのです。今日のユーロの交換率はいくらですか」→「1 ユーロは 1.3 ドルです」

【注】a)　「**返金した**」refunded; paid back; repaid などがあります。refund のアクセントは名前動後（名詞は前置、動詞は後置）です。refund〈動〉「払い戻す (= pay back)、返金する (= get money back)」。【観光】If you cannot take part in your tour, the deposit will be fully *re-funded*.「ツアーに参加できない場合予約金は払い戻します」。cf. 名詞では「払い戻し（金）、返金」の意味です。full *refund* 全額払い戻し（= total *refund*）/ partial *refund* 一部払い戻し。

b)　「**紛失した**」lost; missed などがあります。「物が紛失する」場合は be lost; be missing.「物を紛失する」場合は lose; miss を用います。空港での荷物受取所でよく経験します。cf. lost and found office「遺失物取扱所」。英国では lost property office と言います。*lose* (one's) air ticket somewhere 航空券をどこかで紛失する。【空港】　My baggage hasn't come out yet. It seems to be *missing*.「私の荷物はまだ出てこないのです。紛失しているようです」

c)　「**引き出した**」withdrew; drew out などがあります。【銀行】　I *withdrew* my deposit from the bank.「銀行から預金を引き出しました」

(4)　今晩入手可能なチケットがありますか。

【解説】　**c**) が正解です。available〈形〉「**入手可能な**」。available は形容詞として用い、その活用範囲は広いです。①「(ホテルの客室が) 利用できる」: *available* room 販売 [宿泊] 可能な客室 (空いているので利用できる客室)。【ホテル】　If there are any rooms *available* for tonight, I would like to have a twin.「今晩部屋が空いていれば、ツインが欲しいのです」。②「(乗物が) 利用できる」: transportation *available* to the airport 空港まで利用できる乗物。③「(座席が) 利用できる」: seat *available* in the business class ビジネスクラスの空席。④「(切符・カードが) 有効な」(= valid): ticket *available* for two days 2 日間有効な切符。

【注】　a)　「**空きの**」vacant; empty; spare などがあります。用法は修飾する名詞によって異なります。empty can [box] 空き缶 [箱] / spare time 空き時間 / vacant table (レストランなどの) 空席 / vacant [unoccupied] seat (機内などの) 空席。飛行機の場合 There is a seat available on flight 123. とも言います。/ vacant room (ホテルなどの) 空き部屋。利用客が宿泊していない客室です。「清掃・整備が完了し販売可能な部屋」は vacant and ready room と言います。

b)　「**余りの**」excess. 空港などで「過剰の、超過の」という意味でよく用います: *excess* baggage charge (重量制限) 超過手荷物料金 (= charge for *excess* baggage)。国際航空輸送において所定の無料手荷物許容量を超過する手荷物の運送料金のことです。旅客一人あたり無料で運べる手荷物の重量は、通常エコノミーの場合 20 kg までと決められています。本人が搭乗する国際線の飛行機で運ぶ手荷物の許容量が超過する場合、通常 1 キロ増すごとに first class の片道運賃の 1% ずつが加算されます。通称「エクセス」。

　d)　**「割引の」**（of) discount. 名詞では「割引（額）」。*discount* rate「割引料金」。海外では「買物」をする時に現金または即時払いに対する割引（cash discount）、また「ホテル」に長期滞在する時の割引（long-stay discount）があります。*discount* fare 割引運賃 / *discount* coupon 割引券 / *discount* ticket 割引券；割引チケット。【買物】　We give you (a) 20% *discount* on all cash purchases.「現金で買えば2割引します」。I'll take 20% off the price.（価格の2割をまけておきます）とも言います。

(5)　シカゴからボストンまでの列車運賃は50ドルです。

| 解 説 |　a) が正解です。fare [féɚ]（fair と同音異義語）〈名〉「（列車・電車・バス・船など乗物の）**運賃、料金**」。本文は How much is the *fare* from Chicago to Boston? に対する返答です。具体的な運賃を聞く場合は What [How much] is the *fare* for a one-way ticket from (A) to (B)? 「(A) から (B) まで片道運賃はいくらですか」と表現します。bus [taxi] *fare* バス [タクシー] 運賃 [料金] / one-way [round-trip] *fare* 片道 [往復] の運賃 / *fare* adjustment (office) 運賃の精算 (所) / *fare* box（乗物の）運賃箱、料金箱 / *fare* discount 運賃割引 / *fare* for travel 旅行運賃. cf.「料金」に関しては charge「（サービスなどの）使用料・手数料」（例: We pay the hotel *charge* by credit card.）と fee「（入場・入会などの）料金」（例: They pay admission *fee* in cash.）などがあります。ちなみに遊園地などでの「乗物の料金」には How much is one ride? と言い、fare は用いません。

【注】　b)　**「高速料金」** expressway [〈英〉motorway] toll. expressway は「〈米〉高速自動車道路」（= limited access highway; 〈英〉motorway）の意味です。中央分離帯があり、流入路、流出路、交差がほとんどありません。掲示では Xpwy と略しています。☆日本語で高速道路のことを「ハイウェー」（和製英語）と言いますが、英語の highway は「主要幹線道路」の意味です。

　c)　**「入場料」** admission charge [fee]. 単に admission とも言います。【観光】　*Admission* to the museum is $10 for adults and $3 for children.「博物館への入場料は大人10ドル、子供3ドルです」

　d)　**「罰金」** fine. pay a $50 *fine* for illegal parking 駐車違反で50ドルの罰金を払う。

(6)　ホテルに私物を置き忘れました。

| 解 説 |　c) が正解です。personal belongings「**私物**」（= personal items

[articles])。個人の所有物、個人の身の回り品のことです。法律用語ですが personal effects とも言います。税関また車内［機内］を出る時によく用いる単語です。本来 belongings は土地・家屋・金銭などを含まない「財産・所持品」を指します。いずれも複数形に注意すること。

【空港】 I have nothing to declare. These are just my *personal effects*.「申告するものはありません。これは身の回り品だけです」

【注】　a)　「**免税品**」duty-free items［articles; goods］; articles free of duty などと言います。反意語は dutiable items (課税品) です。【機内】 When will you sell *duty-free goods* on board? → We'll start to sell them right after meal.「免税品の機内販売はいつですか」→「食後すぐに販売を始めます」

　　b)　「**登録カード**」registration card「（ホテルの) 宿泊登録カード」のことです。registration form (宿泊者登録用紙) とも言います: alien *registration card* 外国人登録証明書。【観光】 You must always carry *alien registration card*.「外国人登録証明書は常に携帯すべきです」

　　d)　「**貴重品**」valuables (= valuable belongings). 特に金銭・宝石・貴金属などを指します。【空港】 *Valuables*, such as cash, jewelry and important documents, cannot be accepted as checked baggage.「現金、宝石また重要書類のような貴重品は受託手荷物として受理されません」。valuable 〈形〉「貴重な」: valuable belongings 貴重品。

(7)　高額紙幣を受け付けない店が多い。

　解説　**c)** が正解です。bill 〈名〉①〈米〉「**紙幣**」。英国では note と言います。米国の紙幣には $1, $2, $5, $10, $20, $50, $100 があります。【銀行】 A piece of paper money is called a *bill* in the U.S. and a note in the U.K.「1 枚の紙幣は米国では bill、英国では note と言われる」。【銀行】 How would you like the money? → One twenty-dollar *bill* and two ten-dollar *bills*, please.「お金はどのようにしましょうか」→「20 ドル札を 1 枚、10 ドル札を 2 枚ください」。②「勘定 (書); 請求書; ツケ」。米国では check と言います。separate *bill* 別勘定 / single *bill* いっしょの会計 (= one *bill*) / pay the hotel *bill* for $90 ホテルの勘定 90 ドルを支払う。【レストラン】 Let's split the *bill* for lunch.「ランチは割り勘にしよう」。Let's go Dutch for lunch. とも言いますが、オランダ人 (Dutch) に失礼にあたるので避けるほうがよいでしょう。

【注】　a)　「**請求書**」bill. ⇒ 上記 c) の ②; account［A/C］「勘定 (書)、

精算書」。cash *account* 現金勘定。【レストラン】 How are you settling
your *accounts*? → I'll pay by separate *accounts*.「勘定はどのように精算
しますか」→「支払いは別勘定にします」

　　b)　**「領収書」** receipt. 米国の領収書には Your Receipt — thank you.
Please come back again. の表示があります。【買物】 Can I have a
receipt, please?「領収書をお願いします」(Could you) Give me a *re-ceipt*, please. / I'd like to have *a receipt*, please. または単に *Receipt*,
please. とも言います。

　　d)　**「硬貨」** coin; metallic currency. 紙幣(〈米〉bill;〈英〉note)に対
して用います。⇒ 上記 c) の ①。米国の場合6種あります。「1セント」
(one cent / a penny)、「5セント」(five cents / a nickel)、「10セント」
(ten cents / a dime)、「25セント」(twenty-five cents / a quarter)、
「50セント」(fifty cents / a half-dollar)、「1ドル」(a [one] dollar / a
silver dollar)。*coin* slot [slit]「硬貨(料金)投入口」(自動販売機や電話
機などの硬貨を入れる穴) / *coin*-operated locker コインロッカー。単に
locker または pay locker とも言います / pay in *coins* 硬貨で支払う。

(8)　出発前には彼に電話をかけなくてはいけません。

　解説　**b)** が正解です。departure [DEP]〈名〉**「出発；出国」**。反意語
は arrival (到着) です。Estimated Time of *Departure* [ETD]「出発
[出航]予定時刻」。反意語は Estimated Time of Arrival [ETA](到着
予定時刻) です。*departure* formalities 出国手続き、出発手続き(= *depar-ture* procedures) / the time [hour] of *departure*「出発時間[時刻]
(= departing time)。【空港】 We make our *departure* for Narita
from Chicago. What time should I be at the international lobby?
→ You should be there at least 20 minutes before *departure*.「私た
ちはシカゴから成田に向けて出発します。国際線ロビーには何時に行くべ
きですか」→「少なくとも出発20分前にはおいでください」。cf.depart
〈動〉「(人・乗物が)出発する」(= leave, start)。

【注】　a)　**「到着」** arrival [ARV]。反意語は departure (出発) です。
arrival and departure 発着(日英語の語順に注意)。空港では Arrival(s)
の表示に向かって進み、Immigration または Passport Control の表示さ
れた所に来れば、Non-Resident (非居住者) あるいは Foreign Passport
(外国人パスポート) などと書かれたカウンターに並びます。「旅券」(pass-port) と「入国カード」(E/D card) を提示します。「復路航空券」(return

ticket) の提示が求められる場合もあります。

　　c)　「滞在」stay: short [long] *stay* 短期 [長期] 滞在 / do sightseeing during one's *stay* in Boston ボストン滞在中に観光する / intended length of *stay* 滞在予定期間。【ホテル】　Have a nice *stay* here [in our hotel].「ごゆっくりとおくつろぎください (気軽に滞在してください)」cf. stay〈動〉「滞在する」。【ホテル】　How long will you *stay* at this hotel? (= How long are you going to *stay* here? / How many days are you *staying* with us?) → (1 want to *stay* here) For two days longer.「このホテルにはどのくらい滞在されますか」→「あと 2 日間滞在したいのです」。ちなみにホテルの宿泊客は〈英〉staying guest または〈米〉resident と言います。

　　d)　「連絡」connection ①「連結、連絡、結合」: the closest *connection* to the freeway 高速道路への最短の接続路。②「(交通機関などの) 接続、連絡; 接続便 [車]」: make a *connection* at Chicago for Boston シカゴでボストンへ行く列車に乗り継ぐ / make a good train *connection* for New York ニューヨーク行きの列車にうまく接続できる / *connection* bus 接続バス。シカゴなどにある広大な空港には数ヵ所のターミナルの間を運行するバスがあり、バスの標識には CONNECTION と表示されています。

(9)　このホテルには多種多様な施設があります。

　解 説　**c)** が正解です。facilities〈名〉「**施設、設備**」。facility は通常は複数形で用います: amusement *facilities* 娯楽施設 (= recreational *facilities*) / sports *facilities* 運動施設 (= *facilities* for sports) / tourist *facilities* 観光施設。【ホテル】　Most hotels are in convenient location and have many different kinds of *facilities*.「便利な場所のホテルが多く、施設も多種多様である」

【注】　a)　「規則」rule; regulation. 通常は複数形で用います: traffic *regulations* 交通法規 / breach of *rules* 規則違反。

　　b)　「機能」function: fulfill one's [its] *function* 機能する / cf. function〈動〉機能する: cease to *function* 機能が停止する。

　　d)　「部屋」room. hotel room「ホテル客室」(=〈英〉guest room) には主として下記のような部屋があります。

●ホテルの客室の種類●

［1］single(-bedded) room シングル・ルーム（1 人用の客室に 1 つ
のシングルベッドがある部屋）。◇ SWB (single with bath) 浴室付
きシングル・ルーム。［2］twin(-bedded) room ツイン・ルーム（2
人用の客室に 2 つのシングルベッドがある部屋）。◇ TWB (twin
with bath) 浴室付きツイン・ルーム。［3］double(-bedded) room
ダブル・ルーム（2 人用の客室に 1 つのダブルベッドがある部屋）。◇
DWB (double with bath) 浴室付きダブル・ルーム。［4］triple
(-bedded) room トリブル・ルーム（3 人用の客室にツインベッド
とエキストラベッド（3 つのシングルベッド）がある部屋）。［5］suite
room スイート・ルーム（寝室、浴室、居間、応接室などが続きに
なっている豪華なダブルベッド（あるいはツインベッド）の客室）。◇
junior suite room, semi suite, bachelor suite または presiden-
tial［deluxe］suite room（最高級スイート）などの呼称がある。［6］
studio room　スタジオ・ルーム（スタジオベッド（ソファー兼用の
補助ベッド）を備えた客室。通常はシングルベッドともう 1 つソ
ファーベッドがある）：(a) studio single スタジオ・シングル（シン
グルベッドとスタジオベッド（ソファー兼用の補助ベッド）を備えた
部屋。必要に応じてスタジオベッドを使用して 2 人用客室とする）。
(b) studio twin スタジオ・ツイン（ツインベッドとスタジオベッド
（ソファー兼用の補助ベッド）を備えた部屋。必要に応じて、スタジ
オベッドを使用して 3 人用客室とする）。［7］condominium コンド
ミニアム（台所、浴室、居間と寝室が 1～2 室あり、2 人から 6 人ま
で宿泊が可能な客室）。［8］penthouse 最上階にある最高級の特別客
室。［9］connecting room コネクティング・ルーム（隣接した 2 つ
の客室を連結して内側のドアを利用して往来できる部屋。中間のド
アは 2 重構造になっており、各部屋の内部からロックできる。廊下
を経由せずに往来できるため家族客や団体客などに利用されること
が多い）。［10］adjoining room アジョイニング・ルーム（相互に隣
り合った部屋または廊下をはさんで向かい合うなど近接した客室。例
えば社長と秘書といったように各部屋はプライバシーを保ちながら
近隣にあるという便利さがある。connecting room と異なり連結ド
アはない）。

(10)　手荷物引換証を紛失しないようにしてください。

| 解 説 |　**c)** が正解です。baggage claim check「**手荷物引換証**」。受託手荷物の確認のために航空会社が発行する合札のことです。一片は受託手荷物に付け、他の一片は旅客に渡して目的地で旅客が手荷物を受け取る時の照合確認に使用します。単に baggage tag または claim tag とも言います。別称として baggage claim tag; baggage identification tag; luggage claim ticket などがあります。【荷物受取所】 I can't find my baggage. Here is my *claim tag*.「荷物が見つかりません。荷物引換証はこれです」

【注】　a)　「**手荷物受取所**」baggage claim area; baggage claim counter. 飛行機の旅客が目的地に着き、出発前に預けた荷物を受け取る場所です。【空港】 You must go to the *baggage claim area* to receive your checked baggage.「預けた手荷物を受け取るためには手荷物受取所に行く必要があります」

　b)　「**手荷物許容量**」baggage allowance. 航空機などで設けられている重量または個数・容量についての制限です。free *baggage allowance*「無料手荷物許容量」。【空港】 What's the *baggage allowance*? → (It's) 20 kgs for economy class per person, sir.「手荷物の許容量はどのくらいですか」→「エコノミークラスでは 1 人 20 キロです」

　d)　「**手荷物申請書**」baggage declaration form [card].【空港】 When you fill in the *baggage declaration form,* you must write in block letter style, not in script style.「手荷物 (税関) 申告書に記入する時は筆記体ではなく、活字体で書いてください」

《演習 1–B》

■**解　答**■　(11) —d)　(12) —d)　(13) —d)　(14) —a)　(15) —b)　(16) —a)　(17) —a)　(18) —a)　(19) —c)　(20) —a)

(11)　The meal is included with the tour.

| 解 説 |　**d)** が正解です。**meal**〈名〉「食事」(= dinner)。meal の中には snack (軽食) や tea (午後のお茶) なども含まれています。通常は breakfast (朝食)、lunch (昼食)、dinner [supper] (夕食) などの総称です。brunch「ブランチ (朝食兼用昼食)」も一般化しています。ちなみに昼に dinner を済ませる場合、その夜の軽い食事 (light meal) は supper と言います。big *meal* 十分な食事 (= substantial meal) / light *meal* 軽食 (= snack) / in-flight *meal* 機内食 / special kids' *meal* お子さまランチ。【日常会話】

Thank you for a wonderful *meal*. → You're welcome. I'm glad you enjoyed it. 「ごちそうさまでした」→「お粗末でした」☆英語・日本語の表現には要注意。

【注】　a)　**admission**〈名〉「入場（許可）；入会（許可）」: *admission* ticket 入場券 (= admission card) / *admission* charge 入場［入館］料、拝観料［観覧］料 (= admission fee)。単に admission とも言います。

　　b)　**beverage**〈名〉「飲み物、飲料」(= drink)。コーヒー、紅茶、牛乳、ジュースまたアルコール飲料（ビール、ワイン）などの飲み物に用います。通常水や薬品は含みません。米国では3大 beverage は「コーヒー (coffee)、コーラ (cola)、ビール (beer)」だと言われています。food and *beverage*［F&B］飲食物。☆日英語の語順には要注意。

　　c)　**cost**〈名〉「費用 (= expense)、値段 (= price)、代価」: travel *cost* 旅行代金。【買物】 What's the *cost* of the watch? → (It costs) $150.00.「この時計はいくらですか」(= How much does this watch *cost*?) →「150ドルです」(= The *cost* of this watch is $150.00.)

(12)　I'll take this beautiful necklace.

解説　d) が正解です。**take**〈動〉「（品物を選んで）買う」(= buy; purchase)。特定の品物を決めて買物をする時の基本表現です。【買物】 I'll *take* it [them].「それ（ら）を買います」。I'll have it [them]. とも言います。【買物】 How about a nice necklace to go with this dress? → This is just what I'm looking for. I'll *take* this one.「このドレスに合うすてきなネックレスはどうですか」→「ちょうど探しているものです。これをください」。cf. take「選び取る」(= have)。いくつか比べたあとで「これにする」と言いながら選んで入手すること。レストランなどで相手が勧めるものを選んで受け取る時によく用います。【レストラン】 What would you like for the main dish? → I'll *take* the steak.「メイン・ディッシュは何になさいますか」→「ステーキをお願いします」(= I'd like the steak, please.)

【注】　a)　**bring**〈動〉「（話し手のいる場所へ）（ものを）持って来る；（話し手のいる場所へ）（人を）連れて来る」: *bring* the magazine 雑誌を持って来る / *bring* her here 彼女をここへ連れて来る。cf. take「（話し手のいる場所から離れた他の場所へ）（ものを）持って行く；（話し手のいる場所から離れた他の場所へ）（人を）連れて行く」。【レストラン】 Please *take* these plates away and bring some clean ones.「このお皿を持って行っ

て、使っていないお皿を持って来てください」

b）**give**〈動〉「与える、渡す」。【機内】 *Give* me one more blanket, please. → Sure. I'll bring it for you right away.「毛布をもう1枚ください」(= Could I have another blanket?) →「はい、すぐにお持ちいたします」

c）**make**〈動〉「作る」。《1》make A (out) of B「BからAを作る」。☆Bは質的に変化しない：The desk is made of wood.「机は木から作られる」cf. We make a desk of wood.《2》make A from B「BからAを作る」。☆Bは質的に変化する：Wine is made from grapes.「ワインはブドウから作る」cf. We make grapes into wine.

(13) We serve drinks after taking off.

解説 **d**）が正解です。**serve**〈動〉①「(飲食物を) 出す」。【機内】 Lunch will be *served* on this flight.「この便ではランチが出ます」。②「給仕する」。【レストラン】 Breakfast in the hotel is *served* from 6 a.m. through 10 a.m.「ホテルの朝食は午前6時から10時まで出されます」。③「(客の) 対応をする」(= wait on)。レストランやデパートなどでの客への対応です。【レストラン】 Are you being *served*, sir?「ご用を承っておりますか」。Are you being helped? または Are you being attended to? とも言います。④「運航［就航］する」。【運航】 Nowadays JAL *serves* the world.「今日では日航は世界中に就航しています」

【注】 a）**attach**〈動〉「付ける、添付する」(= affix)。反意語は detach (はずす) です：*attach* a badge [name tag] バッジ［名札］を付ける。【空港】 Please *attach* the label to your suitcase.「スーツケースには荷札をお付けください」

b）**fix**〈動〉「修理する」(= repair; mend)。【ホテル】 Could you *fix* the TV which doesn't work? → Sure. We'll have it *fixed* by the time you get back to the hotel.「作動しないテレビを修理してくださいますか」→「はい。お客様がホテルに戻るまでには修理しておきます」

c）**sign**〈動〉「(書類などに) 署名する、サインする」。ホテルなどで "Sign, please." という表現をよく聞きますが、この単語は名詞でなく「動詞」(サインする) です。*sign* one's name to a traveler's check 旅行者用小切手に署名する。☆日本語での「署名」の意味の「サイン」を英語で表現する場合、書類・手紙などの「サイン」は signature, 芸能人・有名人などの「サイン」は autograph です。野球などの「サイン」は signal と

言います。write [put] one's *signature* on the form 用紙にサインする。サインを要求する時 "Your sign, please." とは言いません。ちなみに、英語の sign は「しるし、徴候」また「星座」の意味があります。Please give me your sign. と言えば「君の星座は何ですか」と解釈されることもあり得ます。

(14)　Do you accept credit card in this store?

解説　**a**) が正解です。**accept**〈動〉「(クレジットカードまたはトラベラーズチェックなどを) 受け付ける」(= take)。反意語は reject (拒否する) です。*accept* foreign currency 外貨での支払いに応じる。【掲示】All Major Cards *Accepted*「主なクレジットカードを受け付けます」。免税店・土産物店などでの掲示です。【買物】 I don't have enough cash with me. Do you *accept* credit card? → Yes, we do. What kind of credit card do you have? → Visa card. → That's fine. We *accept* Visa card.「現金の持ち合わせがないのですが、クレジットカードで支払えますか」→「はい、受け付けます。どちらのカードですか」→「ビザカードです」→「大丈夫です。ビザカードでけっこうです」。☆否定の場合: I'm sorry. We don't *accept* them. We only *accept* cash.「申し訳ございません。お断りしております。現金のみ承ります」

【注】 **b**) **receive**〈動〉「受ける、受け取る」(= accept)。【招待】 I *received* your invitation yesterday.「昨日あなたの招待状を拝受しました」。receive は招待状を受け取ったが「出欠は不明」です。しかし accept は「出席の意向」があります。

c) **take in**「取り入れる; 旅程に入れる」。【観光】 They *took in* a lot of information about the overseas trip.「彼らは海外旅行の情報をたくさん取り入れた」

d) **get in:** ①「(飛行機・列車・バス・船などの乗物が) 到着する」(= arrive)。【交通】 What time does the train *get in*?「列車はいつ到着しますか」。②「(乗用車・列車・バスなどの乗物に) 乗る」。【交通】Let's *get in* a bus in a hurry.「バスに急いで乗ろう」。③「中へ入る」(= get into)。【空港】 Can I *get in* here? I saw my baggage on the carousel. → Sure. Go ahead, please.「通してくださいますか。ターンテーブルにぼくの荷物が見えたのです」→「はい、どうぞ」

(15)　We have just paid the room rate.

解説　**b**) が正解です。**rate**〈名〉「(一定の率に基づいた) 料金、値段」

(= charge, fee, fare): room *rate* (ホテルの) 室料 (= rate for a room; room charge) / room *rate* between 200 and 300 dollars per night 1 泊 200 ドルから 300 ドルまでの宿泊料金。【ホテル】　I have a reservation for a single room. What is the *room rate* including breakfast? → The *room rate* is 300 dollars for a double room.「シングル・ルームを予約しているのですが、朝食込みの室料はいくらですか」(= What's the room charge? / How much is the *room rate*?) →「室料はダブルの部屋で 300 ドルです」

【注】　a)　**mate**〈名〉「仲間」。roommate は「(ホテルの) 同室者、相部屋の人」

　　c)　**service**〈名〉「サービス」: room *service* ルームサービス。ホテルの客室まで飲食物を運んでもらうサービスのことです。【ホテル】　You can get *room service* 24 hours a day.「1 日 24 時間ルームサービスをご利用できます」。We have 24-hour *room service*. とも言います。

　　d)　**size**〈名〉「(人・ものの) 大きさ、寸法」。日本語で胴回り寸法のことを表す「ウエスト・サイズ」は英語では waist measurement と言います。また「エル・エル・サイズ」は英語では extra large, outsize, oversize です。the *size* of a room 部屋の大きさ / actual *size* 実物大 (= life size) / take one's *size* 寸法を測る。【買物】　May I help you? → No, thanks. I'm just trying it on for *size*.「おうかがいしましょうか」→「いいえ、けっこうです。サイズを測るため試着しているだけです」

(16)　Would you care for some more tea?

|解 説|　a) が正解です。**care for**「〜が好きである (= like, love); 〜を食べた; 〜を飲みたい」。否定文・疑問文でよく用います。【機内】Would you *care for* another cup of tea? → No, thank you. / Thank you, please.「もう 1 杯お茶をいかがですか」→「いいえ、けっこうです / はい、お願いします」。Would you *care for* (some more coffee)?「(もう少しコーヒーは) いかがでしょうか」。相手に対して丁寧な「提案」を述べたり、相手の「好み」を丁寧に尋ねたりする時に用いる基本的な慣用表現です。Would you like (to have) 〜? とも言います。　cf. care for には「世話をする、面倒をみる」の意味もあります。【機内】　The flight attendant *cared for* a sick passenger in the airplane.「客室乗務員は機内の病気の乗客の世話をした」

【注】　b)　**care about**「心配する」。【旅行】　My parents *care about*

my overseas trip.「両親は私の海外旅行を心配している」

　　c)　**care of**「〜方；気付」。【郵便局】　Please send this parcel to him *care of* his company.「会社気付で彼にこの小包を送ってください」。郵便物には c/o, c.o. と書きます。Ms. Jane Smith. c/o Mr. Steven Bates スティーブン・ベイツ様方ジェーン・スミス様。cf. take care of：①「(〜を) 世話する、大事にする」。【空港】　Could you please *take* good *care of* my baggage?「私の荷物を大事に扱ってくださいますか」。②「(〜に) 気をつける」。【挨拶】　*Take* good *care of* yourself.「くれぐれもお体を大切に」

　　d)　**care to**「〜したいと思う」(= like [want] to (do))。疑問文・否定文でよく用います。【機内】　Would you *care to* purchase any duty-free items? → No, thanks. I don't *care to* buy them.「何か免税品を購入したいですか」→「いいえ、けっこうです。買うつもりはありません」

(17)　Have you decided what you want to order?

　⎡解説⎤　**a)** が正解です。**decided**「決めた」。decide〈動〉「決める (= make a decision)、(よく考えた末) 決心する (= resolve; determine)」。肯定文の場合：【買物】　I've *decided* to buy a new dress.「新しい洋服を買うことに決めました」。I've *decided* that I would buy a new dress. / I've *decided* on buying a new dress. とも言います。疑問文の場合：【レストラン】　Have you *decided* what you are having?「何になさるかお決めになりましたか」。Have you *decided* to order? / Have you *decided* on your order? / Are you ready to order? とも言います。否定文の場合：【旅行】　We haven't *decided* yet when we should start.「いつ出発するかはまだ決めていません」(= We haven't *decided* yet when to start.)。【旅行】　We *decided* not to go abroad.「海外へ行かないと決めた」(= We *decided* that we would not go abroad.)。cf. decision〈名〉「決定、決心」: make a *decision* 決める。

【注】　b)　**made**「作った」。make〈動〉「作る」。【買物】　What is this bag *made* of? → It's *made* of genuine leather.「このかばんはどのような素材で作られていますか」(= What is the material of this bag?)→「本皮製です」

　　c)　**taken**「取った；選び取った」(= had)。take はいくつか比べたあとで「これにする」と言いながら選んで入手すること。

　　d)　**written**「書いた」。cf. written〈形〉「書面の」。反意語は spoken,

oral（口頭の）です。税関では通常は oral declaration「口頭申告」（＝ verbal declaration）で済む場合が多いですが、課税品がある場合は *written* declaration「書面申告」（＝ declaration in writing）となり、customs declaration form［card］「税関申告書」を提示します。make a *written* declaration 書面で申告をする。ちなみに「課税対象」は red light inspection desk［counter; stand］（赤の検査台）、「免税対象」は green light inspection desk［counter; stand］（緑の検査台）へ進みます。

(18) Ground staff help passengers to board the plane safely.

　解説　**a**）が正解です。**ground staff**「（空港の）地上職員、（航空会社の）地上勤務員（＝ ground crew; air crew）、（飛行機の）地上整備員（＝ ground personnel）」。構成要素を考える時は複数形扱い、集合体を考える時は単数形扱いとなります。また英語の staff は職員全体を指し、日本語の「スタッフ」のように各人を指す時は a staff member と言います。地上職員は（職務上）航空機が空港に「到着」すると待機しており、各客室乗務員から「航空機入国書類」などを受け取るとともに到着旅客を世話します。また「出発」する時には旅客が無事に飛行機に乗れるようにする業務を担当します。【機内】　You had better ask the *ground staff* at the airport which gate you need for your connecting flight to Boston.「ボストンまでの接続便に乗るためのゲートがどこにあるかを空港での地上勤務員に尋ねるとよいでしょう」

【注】b）　**flight attendant**（s）「客室乗務員、機内の接客乗務員」。flight crew, cabin attendant とも言います。男女の差別を明示する stewardess や steward を避けるために用いる表現です。

　c）　**local operator**（s）「現地手配業者」。land agent とも言います。手配旅行または主催旅行に必要な宿泊・輸送などの地上旅行の手配をする人のことです。

　d）　**tour conductor**（s）［TC］「ツアーコンダクター、（旅行団体の）添乗員」（＝ courier）。通称「ツアコン」。海外での呼称には tour leader, tour manager または tour escort などがあり、最近日本でも tour director と呼ぶ傾向があります。

(19) How would you like your meat?

　解説　**c**）が正解です。**like**〈動〉「好む」。How would you like （　）? は「（　）はいかがですか」また「（　）はどうすればよいのですか」と聞く場合に用い、How do you want to have （　）? とも言います。食事の

「料理法」、物事の「対処法」などを尋ねる時の基本表現です。【肉の料理法】　How would you *like* your steak? → I'll *like*［have］it（　）, please.「ステーキの焼き加減はいかがいたしましょうか」→「（　）にしてください」。返答として、かっこ内に次のような単語が入ります。rare「生焼け」、medium「中くらい」、well-done「よく焼いた」。

☆過去の既出問題に【卵の料理法】もありました。【レストラン】How would you *like* your eggs? → I'd *like*［have］them（　）, please.「卵の焼き具合はどのようにいたしましょう」→「（　）にしてください」。かっこ内に次のような単語が入ります。fried「目玉焼き」、sunny-side up「片面焼き」、over-easy［turnover］「両面焼き」、scrambled「炒り卵」、poached「落とし卵」、boiled「ゆで卵」(soft-boiled 半熟 / hard-boiled 固ゆで)。欧米では「生卵」(raw egg) を食べることはまれです。ちなみに「卵1個」の場合は次のように表現します。【レストラン】　How would you *like* your egg?「卵料理は何がよろしいですか」→ I'd *like*［have］it scrambled.「炒り卵にしてください」

【注】　a)　**care**〈動〉「気にかける、心配する」。本題の「好む」と同じ意味をもたせる場合は care for と表現します。⇒【演習 1–B (16)】(p. 28) Would you *care for* (some more coffee)?「(もう少しコーヒーは) いかがでしょうか」。相手に対して丁寧に「提案」を述べたり、相手の「好み」を丁寧に尋ねたりする時に用いる基本的な慣用表現です。Would you like (to have some more coffee)? とも言います。

　b)　**carry**〈動〉「運ぶ；(物を) 持って行く；(人を) 連れて行く；乗せて行く」。【ホテル】　The bellboy will *carry* your bags to your room.「ベルボーイが部屋までバッグを運びます」

　d)　**repair**〈動〉「修理する」(= fix,　mend)。【ホテル】　Light doesn't work in the bathroom. Will you *repair* it? → We'll send someone over to *repair* it as soon as possible.「浴室の電気がつかないのです。直してくれますか」→「人を行かせて、できるだけ早く直します」

(20)　Could you arrange a city sightseeing tour in Tokyo?

|解 説|　a) が正解。**arrange**〈動〉「手配する、取り決める」。観光英語として幅広い用法があります：*arrange* a date 日取りを決める / *arrange* another date (都合が悪いので) 他の日を手配する / (call up and) *arrange* a taxi (電話をして) タクシーを手配する / *arrange* a tour［trip］旅行の手配をする。【旅行代理店】　Would it be possible to *arrange* a

Japanese-speaking guide for the city sightseeing?「市内観光のために日本語のできるガイドさんを手配していただけないでしょうか」

【注】　b)　**handle**〈動〉「対処する、取り扱う」: *handle* the baggage by oneself 手荷物は自分で対処する。【表示】　Fragile. *Handle* With Care.「壊れ物。取扱注意」。小荷物などの包装にある表示です。

　　c)　**operate**〈動〉①「運行する、運航する」。【空港】　Shuttle flights are *operated* on busy routes between Washington and New York.「シャトル便がワシントンとニューヨーク間の多忙な路線で運行している」。②「(機械などを) 作動させる」。【ホテル】　How do you *operate* this vending machine? → All you have to do is to insert a coin.「この自動販売機はどのように使うのですか」→「コインを入れるだけです」

　　d)　**recommend**〈動〉「推薦する」。【観光】　I *recommend* the sightseeing tours with Japanese-speaking guides.「日本語を話すガイド付きの観光旅行をお勧めします」

第2章　英語コミュニケーションの問題

出題傾向

この問題は、観光英語検定試験が実施されて以来毎年のように出題されています。特に、「対話」を完成するのに適切な英文を選択させる問題は、「リスニング試験」においても共通して出題されています。いずれも出題される「観光英語の基本表現」は非常に実用的で、実際の観光・旅行の時にすぐに活用できます。

◆出題形式

すべて「四肢択一」の客観的な問題です。[Part A] は、質問文または返答文として、(A) と (B) との間で交わされる「対話」(2つの文: English dialog) を完成させるために下線に入る最も適切な英文を選ぶ問題です。[Part B] は、質問文または返答文として、(A) と (B) との間で交わされる「会話」(2つ以上の文: English conversation) を完成させるために下線に入る最も適切な英文を選ぶ問題です。[Part A] と [Part B] 共に問題数は10問です。また、「下線部分」になっている大部分の出題は、通常 (A) は「質問文」、そして (B) は「返答文」です。

◆出題内容

海外で観光・旅行をする時によく使用する観光英語です。出題内容は「エアライン」、「ホテル」、「レストラン」、「観光・旅行」などの分野が主軸です。出題される「対話文」や「会話文」、また解答となる箇所での「例文」は、海外旅行の時「すぐに使える観光英語」としてひんぱんに活用できます。

最近出題された「対話・会話」に関する項目内容を列挙してみましょう。

(1)	エアライン	搭乗口の案内、到着時間の質問、税関申告、飲み物の注文、旅券の審査
(2)	ホテル	宿泊登録カードの記入、部屋の確認、滞在期間の確認
(3)	レストラン	朝食の注文、夕食のメニュー、飲食物の注文、待ち時間の確認、注文の確認

（ 4 ）	ショッピング	洋服サイズの確認、試着の確認、土産物のショッピング、販売品の確認
（ 5 ）	交通機関	列車の出発時刻、乗り換え、切符購入、出発ホーム
（ 6 ）	観光・旅行	観光旅行の料金、日帰り旅行の依頼、京都［神社仏閣］の観光、観光の出発時間
（ 7 ）	通信・銀行	コレクトコールの依頼、トラベラーズチェックの換金、外貨の両替
（ 8 ）	娯楽・レジャー	劇場の座席図、館内での写真撮影 (禁止)
（ 9 ）	病気・医薬	病状の相談、薬を頼む
(10)	その他	道案内、日英両国の異文化

出 題 例

〈A〉 対 話

【出題例 2−A】

　次の (11) から (15) までの対話を完成させるために下線部分に入る最も適切な英文を、a)、b)、c) および d) の中か一つずつ選びなさい。

(11)　Check-in Clerk:　How many bags are you going to check in?

　　　Passenger:　＿＿＿＿＿＿＿＿＿＿＿＿＿＿

a)　I have 3 pieces of baggage.

b)　Yes, I know it.

c)　At 7.

d)　That's too bad.

(12)　Passenger:　How do I recline the seat?

　　　Cabin Attendant:　＿＿＿＿＿＿＿＿＿＿

a)　It's the call button.

b)　Just push the button on the right.

c)　That's right.

d)　It's just over there.

(13)　Front Desk Clerk:　Please keep your key card with
　　　　　you when you go out.
　　　　Hotel Guest:　_____
　a)　Here you are.
　b)　Not at all.
　c)　Yes, I will.
　d)　No, thanks.

(14)　Hotel Guest:　How much does it cost to stay one
　　　　　night?
　　　　Hotel Clerk:　_____
　a)　Single or double?
　b)　It takes about three hours.
　c)　Great. I'll take it.
　d)　Thank you anyway.

(15)　Guide:　Is this your first visit to Kyoto?
　　　　Tourist:　_____
　a)　No, it's my first visit.
　b)　No, I've been here many times.
　c)　Yes, I will visit Kyoto.
　d)　Yes. You're welcome.

〈B〉　会　話

【出題例 2–B】

　次の (16) から (20) までの会話を完成させるために下線部分に入る
最も適切な英文を、a)、b)、c) および d) の中から一つずつ選びなさ
い。

(16)　Immigration Officer:　What is the purpose of your
　　　　　visit?
　　　　Tourist:　_____
　　　　Immigration Officer:　How long are you going to

stay?
a) By myself.
b) For a week.
c) I'm on business.
d) At my friend's home.

(17) Guest: I asked for a twin, but this room is a dou-
ble.
Clerk: _____
Guest: Here's my confirmation slip.
a) You are welcome.
b) Are you sure?
c) Let me check the reservation.
d) What's the rate?

(18) Customer: 3 hamburgers and 3 French fries for
here, please.
Shop Clerk: _____
Customer: No, thanks.
a) Would you like anything to drink?
b) Would you like to eat here?
c) Is this your first time here?
d) What would you like to eat?

(19) Information Clerk: The bus stop is just in front of
the main entrance.
Tourist: _____
Information Clerk: It runs every 10 minutes.
a) How many times have you ever been there?
b) How can I find it?
c) How long do I have to wait?
d) How often does it leave?

(20)　Passenger:　How can I take the Keio Line?
　　　Train Staff:　_____
　　　Passenger:　Thank you.
　a)　You are at the platform 3 now.
　b)　You can take it at Shinjuku Station.
　c)　The fare is 250 yen.
　d)　It's an express.

解答と解説

〈A〉　対　話
【出題例 2–A】
■解　答■　(11) —a)　(12) —b)　(13) —c)　(14) —a)　(15) —b)
(11)　搭乗手続き係員：　かばんはいくつお預けになりますか。

　　　旅客：　_____
　a)　手荷物は 3 個持っています。　　b)　はい、知っています。
　c)　7 時です。　　　　　　　　　　d)　それはお気の毒です。

解説　空港での搭乗手続所にて係員が旅客に対して預ける「荷物の個数」(How many bags ...?) を尋ねています。旅客は「受託手荷物」(checked-in bag) をいくつ預けるかを返答する必要があります。したがって a) I have 3 pieces of baggage. が正解となります。

【語句】　baggage〈名〉「手荷物、(旅行用) 荷物」(= luggage)。米国では baggage, 英国では luggage と区別する傾向がありますが、英国でも飛行機や船舶に「手荷物」は baggage を用いています。また米国でも航空会社関係者が luggage を用いることもあり、空港の掲示物にもよく見かけます。baggage は不可算名詞ですので baggage の個数を表す時は How many pieces of baggage do you have?「荷物はいくつですか」、または How much baggage do you have? と表現します。How many baggages [luggages] do you have? とは言いません。また I have three pieces of baggage with me.「手荷物は 3 個持っています」であって、three baggages [luggages] とは言いません。「少しの荷物」は a little baggage (a few baggages ではない)、「たくさんの荷物」は much [a lot of] baggage (many baggages ではない) です。ちなみに bag「かばん」は可算名詞で

すので How many bags . . . ? と表現します。 / be going to (do)「〜するつもりです」。近い未来でその意志・計画を表します。【観光】 We *are going to* visit Boston this summer.「この夏はボストンを観光するつもりです」/ check in ①　空港　「搭乗手続きをする」(= go through check-in procedures)。check in at the airport「空港で搭乗手続きをする」。旅客は旅券 (passport) や航空券 (air ticket) を渡し、荷物 (baggage) が計量されます。その後、搭乗券 (boarding pass) を受け取ります。この一連の手続きを check-in procedure(s)「搭乗手続き」と言います。②　ホテル　「宿泊手続きをする」。*check in* at the hotel「ホテルに宿泊手続きをする」。フロントで「宿泊登録カード」(registration card) に必要事項を記入し、「部屋の鍵」(room key / key card) を受け取ります。

【注】 b) Yes, I know it. 【ホテル】 Do you know his cellphone number? → Yes, I know it.「彼の携帯電話番号を知っていますか」→「はい、知っています」。通常は Yes, I do. と返答します。

c) At 7. 【ホテル】 What time will you leave here? → (I'll leave here) At 7.「何時にここをお発ちですか」→「7 時です」

d) That's too bad. 相手の不幸・苦悩などを聞いて同情を示す時に用いる慣用表現です。【SOS】 I've caught (a) cold. → That's too bad.「風邪を引きましたよ」→「それはいけませんね」

(12)　乗客：座席はどのように倒しますか。

　　　客室乗務員：＿＿＿＿＿＿＿＿＿＿＿

a) それは呼び出しボタンです。　b) 右側のボタンを押すだけです。

c) そうなんです。　　　　　　　d) ちょうどその向こう側です。

　解 説　乗客が機内に入り、客室乗務員に対して「座席の倒し方」(how to recline the seat) を聞いています。乗務員はその座席を倒す方法に関して返答する必要があります。したがって b) Just push the button on the right. が正解となります。

【語句】 **recline**〈動〉「(椅子などを) 倒す」(= put the seat back)。【機内】 Could you tell me how to *recline* this seat? → You have only to *recline* your seat backward by pushing the button on the right.「この椅子はどのように倒すのですか」→「右側のボタンを押しながら椅子を後ろに傾けてください」。【機内 / 車内】 Excuse me, sir. May I *recline* this seat? → Sure. Go ahead.「この座席を倒してもよいですか」(= Can I put my seat back?)→「いいですよ。どうぞ」/ push〈動〉「押す

(＝ press)、(押して) 開ける」。化粧室などのドアに表示されています。反意語は pull (引く) です。【機内】　How do I open the door? → You have only to *push* the door open. Don't pull. 「このドアはどのようにして開けますか」→「押して開けてください。引いてはいけません」

【注】　a)　It's the call button. エアライン英語として用いる場合、通常は flight-attendant call button と言います。【機内】　If there is anything we can do to make your flight more enjoyable, please press the flight-attendant *call button* at your seat. 「お客様の空の旅がさらに楽しくなるために私どもがご協力できることがあれば、どうぞお座席にある乗務員の呼び出しボタンを押してください」

　　c)　That's right. 「そのとおりです」。【旅行】　You're from California? → That's right . . . from San Franscisco. 「カリフォルニア出身だって?」→「そうよ、サンフランシスコなの」

　　d)　It's just over there. 【機内】　30–A is my seat number. Where is that, please? → Come this way, please. It's over there. 「30–A が私の座席番号です。どこでしょうか」→「こちらへお越しください。ちょうどそちらのほうです」

(13)　フロント係員: 外出する時にはカードキーをお持ちください。
　　　ホテル宿泊客: ＿＿＿＿＿＿＿＿＿＿＿＿＿
　a) はい、これです。　　　b) どういたしまして。
　c) はい、そうします。　　d) いいえ、けっこうです。

　解説　ホテルから外出しようとする宿泊客 (hotel guest) がフロントに「カードキーを預ける」(leave the key card) かどうかを受付係員 (front desk clerk) に聞いています。係員は「お持ちください」(keep your key card with you) と伝えています。それに対して宿泊客は返答する必要があります。したがってここでは「了解」の意志を伝えるので、c) Yes, I will (keep it). が正解となります。

【語句】　**key card** (カード式鍵) は、ホテルなどの部屋のドアを開ける時に用いるマグネチック・カード (computer-encoded [computerized] key card) です。宿泊者が変わるごとにデータを入れ替えます。日本では「カードキー」と言う場合がありますが、海外では key card が使用されています。「客室用の鍵」は guest room key,「(フロントにある) 鍵箱、鍵の預け口」は key drop と言います。ちなみに、日本で「鍵」と言えば「鍵」も「錠」も一緒に用いることがあります。英語では key「鍵」と lock「錠」

は区別します。また日本語の「キーホルダー」は英語では key ring, key chain と言います。部屋鍵（room key）の「合鍵」（1 本ですべての部屋が開けられる合鍵）に関しては機能の上位から下位までの順序に通常次のような用語があります。grand［general］master key; emergency key（総支配人が管理する）→ master key（支配人が管理する）→ sub-master key（当該部署の長が管理する）　→ floor　key（各階の責任者が管理する）→ maid key（部屋の世話人が管理する）。「合鍵」のことを duplicate key, extra key, passkey, skeleton key,「予備鍵」を spare key などと言います。

【注】　a）　Here your are. 相手に望みのもの・捜しものを「差し出す」時に用います。文頭に用いて相手の注意を引き、ものや人を示します。【機内】　Can I see your boarding pass, please? → *Here you are.*「搭乗券を拝見できますか」→「はい、ここにあります。どうぞ」。Here it is. とも言いますが、単数形と複数形の区別には要注意です。【機内】　Show me your boarding card, please. → Certainly. *Here it is.*「搭乗券を拝見します」→「はい、どうぞ」。【空港】　May I see your passport and arrival cad? → Sure. *Here they are.*「旅券と入国カードを拝見できますか」→「はい、どうぞ」。

　b）　Not at all. 相手の謝意などに対して用います。（例）Thank you so much. → *Not at all.*「ありがとう」→「どういたしまして」。米国では通常 You're welcome. とも言います。cf. 否定文「まったく〜ではない」という意味でもよく用います。（例）Are you sleepy? → *Not at all.*「眠くなったかい」→「いいえ、ぜんぜん」

　d）　No, thanks. 親しい間柄でよく用いられます。"No, thank you." よりもくだけた言い方です。【カフェ】　Would you like a cup of tea? → *No, thanks.*「お茶を一杯いかがですか」→「いいえ、けっこうです」

(14)　宿泊客：1 泊の滞在費はいくらでしょうか。
　　　ホテル係員：＿＿＿＿＿＿＿＿＿＿＿＿＿＿＿＿＿＿
　a）シングルでしょうか、それともダブルでしょうか。
　b）3 時間ほど要します。
　c）いいですね。それをいただきます。
　d）いずれにせよ、ありがとうございます。

解説　ホテルの宿泊手続きをする宿泊希望者がフロントにて「1 泊の宿泊料」（room rate per night）を尋ねています。宿泊料といっても部屋の

種類によって異なるので一概に提示できません。係員は宿泊情報を得るために宿泊希望者に対して問い返す必要があります。したがって a) Single or double? が最適です。

【語句】　**Single or double?** 単語だけでなく文章も省略されています。【ホテル】　Would you like a *single*(-bedded) room or a *double*(-bedded) room? → I'd like to have a *twin*(-bedded) room. 「シングル・ルームにしますか、それともダブル・ルームになさいますか」→「ツイン・ルームをお願いします」。single(-bedded) room「シングル・ルーム」。⇒【演習 1–A (9)】(p. 23)。

【注】　b)　It takes about three hours. take は「(時間を) 要する；(費用が) かかる」という意味です。所要時間を尋ねられた時に返答として用いる基本表現です。【空港】　How long will it *take* from New York to Boston? → It'll *take* about three hours by plane.「ニューヨークからボストンまでどのくらいかかりますか」→「飛行機で 3 時間ほどです」

　c)　Great. I'll take it. take は「(品物を選んで) 買う (= buy; purchase)」という意味です。特定の品物を決めて買物をする時によく用いる基本表現です。I'll have it [them]. とも言います。【免税店】　Which perfume will you *take*, this one or that one? → I'll *take* this perfume, Chanel No. 5.「こちらとあちらの香水のどちらを買いますか」→「この香水、シャネルの 5 番をください」

　d)　Thank you anyway. 感謝しながら断る時などに用いる慣用表現です。【カフェ】　Would you like some more tea? → No more tea. Thank you anyway.「もう少しお茶はいかがですか」→「お茶はもうけっこうです。でもありがとう」

(15)　ガイド: 京都へ来られたのはこれがはじめてですか。

　　　観光客: _____

　a) いいえ、私が訪問するのははじめてです。
　b) いいえ、当地へは何度も来たことがあります。
　c) はい、京都へ行く予定です。
　d) はい、どういたしまして。

解説　ガイドが京都観光ツアーに参加する観光客に対して「京都へははじめての来訪」(the first visit to Kyoto) かどうかを尋ねています。その問いかけに対して観光客は何らかのかたちで返答する必要があります。選択肢の中では b) No, I've been here many times. が最も適切です。

【語句】　**visit**〈名〉「訪問、観光」。Is this your first *visit* to （　）?「（　）へ来るのははじめてですか」は、観光・旅行の時によく用いる基本表現です。かっこ内に訪問先の国名・地名などを入れて活用できます。空港での入国審査 (immigration) などでもよく質問される基本表現です。《1》for the first time（はじめて）の「慣用句」を用いて "Do you visit (Boston) for the first time?"《2》「経験」を表す現在完了形を用いて "Have you ever been to （　）?" とも言えます。返答は、This is my first *visit* to （　）.「（　）へ来るのははじめてです」などとなります。《1》肯定の場合には、I visit （　）for the first time.《2》否定の場合には、I've never been here before. などとも言います。ちなみに、「いいえ、2 回目です」と言う場合、"No. It's my second *visit*." または "I've been here twice." とも言います。なお、道案内の時に「このあたりははじめてです」と返答したい場合は "I'm a *stranger* around here." と言います。

【注】　a）　No, it's my first visit.「はじめてですか」という質問に対して、No. と否定しました。その直後に「はじめてです」と肯定するのは矛盾します。

　c）　Yes, I will visit Kyoto. will (visit) は「未来」を表す単語ですので、ここでは適切ではありません。【観光】　Are you planning to visit Kyoto? → Yes, I'll visit Kyoto.「京都へ行く予定ですか」→「はい、その予定です」

　d）　Yes. You're welcome. You are welcome. とも言います。友人または乗客・旅客からの感謝 (Thank you. / It's very kind of you.) に対して返礼する時の慣用表現です。親しい間柄では単に "Welcome." とも言います。☆You're welcome. は相手・状況によって使い分けることもできます。〈1〉親しい間柄での表現: It's OK.「いいのよ」/ That's all right.「いいのですよ」/ Don't mention it.「いいんですよ」/〈英〉Not at all.「大丈夫」。〈2〉形式的な表現: The pleasure is mine. / It's my pleasure. / My pleasure.「こちらこそ」「どういたしまして」。

〈B〉　会　話
【出題例 2–B】
■解　答■　(16)—c）　(17)—c）　(18)—a）　(19)—d）　(20)—b）
(16)　入国審査官: 旅行の目的は何ですか。
　　　旅行者: ＿＿＿＿＿＿＿＿＿＿＿＿＿＿＿＿＿＿＿＿

　　入国審査官：滞在期間はどれくらいですか。

　a）私一人だけです。　　　b）1 週間です。

　c）商用で来ました。　　　d）友人の家に泊まります。

解 説　　空港の入国審査 (immigration) では入国の目的、滞在期間、滞在先などについて質問されます。ここでは旅行者が「入国の目的」(the purpose of one's visit) に関して聞かれています。旅行者の質問への返答として、指定された選択肢では c）I'm on business. が最適です。

【語句】　**purpose**〈名〉「目的」。海外に入国する場合、入国審査にて最初に質問される「滞在目的」に関する決まり文句です。⇒【出題例 1–A (1)】(p. 5)。【空港】　Your passport, please. What's the *purpose* of your visit to the United States?「旅券を拝見します。アメリカへの入国目的は何ですか」→《返答》(I'm here) On business.「仕事のためです」。その他次のような返答があります。〈1〉(I'm here) Just for sightseeing.「ただ観光目的です」。〈2〉(I'm here) For pleasure.「レジャーのためです」。〈3〉(I'm here) On vacation.「休暇のためです」。〈4〉(I'm here) To study English.「英語研修のためです」。〈5〉(I'm here) To visit my friend.「友人の訪問のためです」。〈6〉I'm visiting relatives.「親戚訪問のためです」

【注】　以下いずれも入国審査にて質問されそうな内容です。

　　a）　By myself.「一人旅です」。I'm traveling abroad *by myself*.「一人で海外旅行をしています」の略した内容です。ここでは団体客か単独旅かを聞いていません。【空港】　Are you on a group tour or are you traveling alone?「団体旅行ですか、それとも個人旅行ですか」に対する返答です。cf. We're on a group tour.「私たちは団体旅行です」(= We're traveling in a group.)

　　b）　For a week.「1 週間です」。ここでは滞在日数を聞いていません。【空港】　How many days [How long] are you planning to stay here?「当地へは何日間の滞在予定ですか」に対する返答です。

　　d）　At my friend's home.「友人宅です」。ここでは滞在場所を聞いていません。【空港】　Where are you going to stay?「どこに滞在するつもりですか」に対する返答です。

(17)　宿泊客：依頼したのはツインですが、これはダブルです。

　　　フロント係員：＿＿＿＿＿＿＿＿＿＿＿＿＿＿＿＿＿＿＿＿

　　　宿泊客：これが予約確認書です。

　　a) どういたしまして。　　　　b) 確かですか。
　　c) 予約を確認いたします。　　d) レートはいくらですか。

【解説】　ホテルのフロントにてチェックインする宿泊客が部屋を割り当て
られて部屋のタイプを見た時に、「ツイン」(twin room) を依頼したにも
かかわらず「ダブル」(double room) になっていました。係員は部屋を確
認するために「コンピューター予約システム」(Global Distribution
System [GDS]. 以前は Computer Reservation System [CRS] と呼ん
でいた) で調べることになります。したがってフロント係員の返答は c)
Let me check the reservation. が正解となります。

【語句】　**confirmation**〈名〉「(予約のための) 確認；確認書」。confirma-
tion slip「(ホテルの) 宿泊予約確認書」。confirmation sheet; hotel
reservation slip とも言います。ホテル・レップやランド・オペレーター
などを通して「ホテル客室の予約」(例: 予約確認番号、予約客名、予約客
室のタイプや室料など) が確認されていることが記載されています。ちな
みに hotel coupon, hotel voucher (宿泊料の支払保証書) と区別するこ
と。【ホテル】　Do you have a reservation? → Yes, I do. Here's my
confirmation slip.「予約されていらっしゃいますか」→「はい、予約して
います。これが予約確認書です」。cf. confirm〈動〉「(ホテルの予約を) 確
認する」☆宿泊予定者から確認の電話がある場合 "Your room is *con-
firmed* for tonight [three nights]." (今晩 [3日分] のお部屋の予約は確
認されています) と返事します。

【注】　a)　You are welcome.「どういたしまして」。友人または乗客・旅
客からの感謝 (Thank you. / It's very kind of you.) に対して返礼する
時の慣用表現です。⇒【出題例 2–A (15)–d)】(p. 42)

　　b)　Are you sure?「確かですか」。相手の行為・行動に対して確かめる
時の慣用表現です。【ホテル】　I locked the door. → Are you sure? →
Yes, I'm quite sure.「ドアは閉めたよ」→「確かね」→「間違いないよ」

　　d)　What's the rate?「レートはいくらですか」。銀行や両替所などで
通貨の交換率 (exchange rate; rate of exchange) を聞く時の慣用表現で
す。【銀行】　What is the *rate of exchange* for Japanese yen today?
→ Today's (*exchange*) *rate* is 110 yen to the U.S. dollar.「今日の日
本円に対する交換率はいくらですか」→「今日の交換率は米ドルに対して
110円です」

(18)　客: ハンバーガー3個とフライドポテト3つを店内でお願いします。

店員:　＿＿＿＿＿＿＿＿＿＿＿＿＿＿＿＿＿＿＿＿＿＿

客:　いいえ、けっこうです。

a)　何かお飲み物はいかがですか。

b)　こちらでお召し上がりでしょうか。

c)　こちらははじめてですか。

d)　何かお食事はいかがですか。

解説　ファーストフード店で客が店員に「食べ物」(hamburgers and French fries) だけを注文しています。店員は何か他の好みを尋ねていますが、客は No, thanks. と断っています。選択肢から推測される内容は、「食べ物」といっしょに「何か飲み物」を注文する意向を聞いているはずです。したがって **a**) Would you like anything to drink? が正解です。

【語句】　for here「ここで食べます」。反意語は to go; take away [out] (持ち帰る) です。ファーストフード店でよく用いる慣用語句です。

【ファーストフード店】　I'd like two double cheeseburgers, two large fries and two cokes. → (Is that) *For here* or to go? → *For here,* please.「ダブルチーズバーガー 2 個、大のフライ 2 個それにコーラ 2 つください」→「ここで召し上がりますか、それとも持ち帰りますか」→「ここ [店内] でいただきます」。Are you going to eat your order here, or take it out? または Do you want to eat here or take it with you? とも言います。通常はまとめて "Two double cheeseburgers, two large fries and two cokes *for here*, please." と注文する場合が多いです / anything to drink「何かの飲み物」。anything は疑問文・否定文に用います。しかし Yes, please. と期待する場合は something to drink とも言います。

【カフェ】　Would you like *anything* [*something*] to drink? → Yes, please. Let me see . . . Coffee, please.「何かお飲みになりますか」→「はい、お願いします。そうね . . . コーヒーをお願いします」。☆空港の「税関」でもよく使用します。(Do you have) *Anything* to declare? → No, nothing. / Yes, I have some.「何か申告するものがありますか」→「いいえ、ありません。/ はい、少しあります」/ French fries〈米〉「(フレンチ) フライドポテト」。英国では (potato) chips と言います。すべて複数形です。

【注】　b)「店内で召し上がりますか」と聞いていますが、客は最初から " . . . for here, please." と伝えています。

　c)「こちらははじめてですか」。この文ははじめて来店する客に用いら

れるかもしれませんが、飲食物 (food and drink〈日英語の語順に注意〉)
とは無関係です。

　d)　「何を食べたいですか」と聞いていますが、客は最初から hamburg-
ers and French fries と伝えています。

(19)　案内係: バス停は表玄関のちょうど前にあります。

　　　旅客: _____

　　　案内係: 10分ごとに運行しています。

　a)　何度かそこへ行ったことがありますか。

　b)　どうすれば見つかりますか。

　c)　待ち時間はどれくらいですか。

　d)　バスはどれくらいの間隔で発車しますか。

　解説　空港の「旅行案内所」(information desk) の係員と観光客との
会話です。係員は観光客に対してバス停の所在地 (表玄関) を伝えていま
す。解法のポイントは係員の返答である「バスの運行間隔」(It runs every
10 minutes.) です。したがってバス発車の頻度を聞いているので **d)** How
often does it leave? が正解です。

【語句】　**bus stop**「バス停」: get off at the next *bus stop* 次のバス停で
降りる。cf. bus depot [díːpoʊ] は「バス停;〈米〉バス発着所、バスター
ミナル」(= bus terminal) の意味です。ちなみに taxi stand は「タクシー
乗り場」(=〈英〉rank) の意味で、タクシーなどの客待ちの待機所のこと
です。単に stand とも言います / How often . . . ?「何回[何度]. . . です
か、どれくらいの間隔[頻度]ですか」(= How many times . . . ?)。【駅
舎】　*How often* does the train leave? → Every half hour.「列車はどれ
くらいの間隔で出発しますか」→「30分ごとです」/ run「(定期的に列車・
バスなどが) 運行する; 運行させる」。【バスターミナル】　How often do
the buses *run* here? → The express *runs* every thirty minutes be-
tween New York and Boston.「ここのバスの便はどれくらいです
か」→「急行はニューヨークとボストン間を30分ごとに運行しています」/
every + 基数 + 複数名詞 (または序数 + 単数名詞)「〜おきに、〜ごとに」:
every five days [fifth day] 5日ごとに、4日おきに。(例) The Olympic
Games are held *every four years* [*every fourth year*].「オリンピック
大会は4年ごとに開催されます」

【注】　a)　「あなたは何度か行ったことがあるか」という相手方の行った旅
　　行などの回数 (How many times . . . ?) を聞いています。本題のバスの運

行とは無関係です。ちなみに、How often . . . ? は完了時制 (have + 過去分詞) で「これまでに . . . したことが何度ありますか」の意味でよく用いられます。【観光】 *How often* have you ever been to Korea? → Twice. 「韓国へはこれまで何度行きましたか」→「2 回です」

　b) 「バス停の所在地」を探す方法 (How . . . ?) を聞いています。係員は表玄関にあるとすでに伝えています。ちなみに、How can I find (the main entrance)? は、人またはものを「探す方法」を聞く時の基本表現です。Could you tell me how to find (the main entrance)? とも言います。

　c) 「バスの待ち時間」の長さ (How long . . . ?) を聞いています。係員の返答はバス運行時間の間隔 (10 分ごと) を伝えています。ちなみに、How long do I have to (do)? は「長さの程度」(how) を聞く時の基本表現です。【観光】 *How long* are you going to stay here? 「いつまでここにご滞在ですか」

(20)　　乗客: 京王線にはどうしたら乗れますか。

　　　　駅員: ＿＿＿＿＿＿＿＿＿＿＿＿＿＿＿＿＿＿＿＿

　　　　乗客: ありがとう。

　a) 現在お客様は 3 番線にいます。　　b) 新宿駅で乗れます。

　c) 運賃は 250 円です。　　　　　　　d) それは急行です。

解説　駅構内で京王線に乗ろうとする乗客が、駅員に対してある路線の「列車への乗り方」(how to take a train) を尋ねています。駅員は京王線に乗れる駅名を指定する必要があります。その返答として b) You can take it at Shinjuku Station. が正解となります。

【語句】　**take** 〈動〉「(乗物に) 乗る、乗って行く; (道・コースを) とって行く」。「旅する」観光英語の定番です。cf. get on「乗る」(動作)。*take* a bus [train, boat] バス [列車・ボート] に乗る / *take* a taxi to the hotel ホテルまでタクシーに乗る / *take* the 7:30 am train to Paris パリまで午前 7 時 30 分発の列車で行く / *take* JAL Flight 123 for London ロンドン行きの JAL123 便に乗る。【交通】　Does this bus go to the museum? → No, it doesn't. You need to *take* bus number 10.「このバスに乗れば博物館に行きますか」→「いいえ、行きません。10 番のバスに乗ってください」/ line 〈名〉「(電車・バスなどの) 路線; (飛行機の) 航空路、定期航路」: (the Yamanote) Loop *Line* (山手) 環状線。【交通】　Which *line* do I have to take for Shinjuku?「新宿に行くにはどの線に

乗ればよいのですか」

【注】　a)　尋ねているのは「現在の居場所」ではありません。platform（アクセントは [plǽt]）〈名〉「(駅の) プラットホーム、乗降場、ホーム (和製英語)」。米国では track と言います。*platform*（No.）3（of the down line)「(下り) 3番ホーム (=〈米〉track 3) / *platform* ticket〈英〉(駅の) 入場券 / arrival *platform*（駅の) 到着ホーム / departure *platform*（駅の) 発車ホーム。

　　c)　尋ねているのは「運賃」ではありません。fare〈名〉「(列車・電車・バス・船など乗物の) 運賃、料金；バス代、電車賃 (=〈米〉carfare)」: *fare* calculation 運賃計算. ☆ちなみに遊園地などでの「乗物の料金」には How much is one ride? と言います。fare は用いません。

　　d)　尋ねているのは「列車の種類」ではありません。

●主な列車の種類●

[A] accommodation train〈米〉普通列車 / arriving train 到着列車。⇔ departing train.　[B] bullet train 超特急列車、弾丸列車 (= superexpress train)。☆新幹線を指す。　[C] chartered train 貸し切り列車 / commuter train 通勤列車［電車］。　[D] departing train 出発列車。⇔ arriving train / dining car 食堂車 (= diner) / down train 下り列車 (= downbound train)。⇔ up train.　[E] express train 急行列車 / extra train 臨時列車、増発列車。　[F] fast train 急行列車 / (the) first train 始発列車。⇔ (the) last train / freight train〈米〉貨物列車 (=〈英〉goods train)。　[J] jam-packed train 満員列車 (= over crowded [full] train)。　[L] (the) last train 終電、最終列車。⇔ (the) first train / limited express (train) 特急列車 (=〈英〉special express (train)) / linear-motor train リニアモーター列車 / local express train 準急列車 / local train (各駅停車の) 普通列車 (= accommodation train, short-distance train)。　[M] midnight train 深夜列車。　[N] night train 夜行列車 / nonstop train 直行列車。　[O] out-of-service train 回送車 (= deadhead train) / overnight train 夜行列車 (= owl train)。　[P] passenger train 旅客列車、客車 / passing train 通過列車。　[R] rapid train (都市部の) 快速列車 (= rapid

service train, rapid-transit train) / regular train 定期列車。⇔
special train / reserved train 貸し切り列車 / return train 帰りの
列車。［S］semi-express train 準急列車。☆日本では Semi Ex-
press［Semi Exp.］の英語表記がある / sightseeing train 観光列
車 / sleeping car 寝台車（＝ sleeper）/ slow train 普通列車。☆
slow-moving［running］train ゆっくり走行する列車 / special
express（train）特急列車（＝ limited express（train））/ special
train 臨時列車。⇔ regular train / steam（locomotive）train 蒸気
機関車 / subway train 地下鉄 / superexpress train 超特急列車
（＝ bullet train）。［T］through train 直通列車 / train engine 機
関車 / tube train〈英〉地下鉄。［U］up train 上り列車（＝ up-
bound train）。⇔ down train.［W］　way train〈米〉（各駅停車
の）普通列車（＝ local train）。

演習問題

《演習 2-A》

（1）　Immigration Officer:　Are you traveling in a group?
　　　Tourist: _____
　　a）　It's my pleasure.
　　b）　Yes, it does.
　　c）　No, I'm traveling alone.
　　d）　I have a reservation.

（2）　Customer:　Can I use my credit card?
　　　Salesclerk: _____
　　a）　May I help you?
　　b）　I have a Visa card.
　　c）　Wrap this, please.
　　d）　Yes, you can.

（3）　Cabin Attendant:　Could I put your bag in the com-
　　　partment?

Passenger: _____
a) It's 10 kg.
b) It has a name tag on it.
c) Fish, please.
d) Thank you very much.

(4) Salesclerk: What size do you wear?
       Customer: I'm not familiar with American sizes. ____
       _____
a) Can you dress me?
b) Could you measure me?
c) Please fix my dress.
d) I'd like you to fit my clothes.

(5) Customer: May I try this dress on?
       Salesclerk: _____
a) Never mind. I'm fine.
b) The fitting room is next to the counter.
c) It's included in the price.
d) No, thanks. I'm full.

《演習 2–B》
(6) Tourist: I'd like to cash these traveler's checks.
       Bank Clerk: _____
       Tourist: Will my passport do?
a) Do you have any ID?
b) Here's your change.
c) You have to make a reservation.
d) Please fill in the customs declaration form.

(7) Tourist: Excuse me. Would you mind taking our pic-
       ture?
       Guide: _____
       Tourist: Just push this button, please.

　　a) Yes, please.
　　b) Help yourself, please.
　　c) Not at all.
　　d) Go ahead.

（ 8 ）　Guide:　We can't enjoy the cruise today because of the
　　　　　rain.
　　　　Tourist:　＿＿＿＿＿＿＿＿＿＿＿＿＿＿＿＿＿
　　　　Guide:　Let's go to the museum.
　　a) It rained hard last week.
　　b) I enjoyed fish and chips.
　　c) Well-done, please.
　　d) What will we do instead?

（ 9 ）　Customs Officer:　Do you have anything to declare?
　　　　Tourist:　＿＿＿＿＿＿＿＿＿＿＿＿＿＿＿＿＿
　　　　Customs Officer:　Do you have any plants or meat?
　　a) No, I'm not alone.
　　b) No, I have nothing to declare.
　　c) Yes, I've been there once.
　　d) Yes, that's too bad.

（10）　Salesclerk:　Can I help you find something?
　　　　Customer:　No, thanks.　＿＿＿＿＿＿＿＿＿＿＿

　　　　　＿＿＿＿＿＿＿
　　　　Salesclerk:　All right. Take your time, and just call us
　　　　　in case you need help.
　　a) Watch your step, please.
　　b) See you later.
　　c) Take care of yourself.
　　d) I'm just looking.

解答と解説

《演習 2–A》

■解　答■　(1) —c)　(2) —d)　(3) —d)　(4) —b)　(5) —b)

(1)　入国審査官：団体旅行者ですか。

　　　旅行者：＿＿＿＿＿＿＿＿＿＿＿＿＿＿＿＿＿＿＿

　a) どういたしまして。

　b) はい、そうです。

　c) いいえ、個人旅行です。

　d) 予約済みです。

| 解 説 | 空港で入国審査官が旅行者に対して「団体で旅行している」(traveling in a group) かどうかを尋ねています。選択肢を見ると in a group (団体で) の反意語である alone (単独で) があります。また be 動詞を用いた疑問文である "Are you . . . ?" に対する返答は "I'm . . . " です。したがって **c)** No, I'm traveling alone. が正解となります。

【語句】　**group** 〈名〉「団体」(= party)：*group* traveler 団体客 / *group* check-in 団体のチェックイン手続き。反意語は separate check-in「個別のチェックイン手続き」です / *group* rate 団体料金；団体均一料金；団体割引料金 (一定数 (例：20 名) 以上の団体に適用する料金のこと) / *group* tour 団体旅行。☆ a group of ＋複数名詞「一団の〜、一行の〜」(= a party of 〜) の場合、動詞は単数形または複数形のいずれかでも使用できます。まとまりの意味合いは「単数形」、個々の人々を強調する時は「複数形」を用います。【空港】　*A group of* tourists are [is] waiting for a guide in the airport.「観光客の団体が空港でガイドを待っている」

【注】　a)　It's my pleasure. 相手からの「お礼」(Thank you.) に応答する基本表現です。The pleasure is mine. または単に My pleasure. などとも言います。【空港】　It's nice of you to come to the airport to see me off. → *It's my pleasure.*「空港まで見送りに来ていただきありがとう」→「どういたしまして」

　b)　Yes, it does. "Are you . . . ?" の問いかけの返答に Yes, it does. は使用できません。肯定の返答には "Yes, I am." です。do は直前の動詞 (句) の反復を避けるために用いる代動詞です。【観光】　Does she like traveling? → Yes, she *does*.「彼女は旅行が好きですか」→「ええ、好きです」

d)　I have a reservation.「予約はしてあります」。「団体旅行者であるか否か」の問いかけの返答にはなっていません。不自然です。reservationは乗物・ホテル・レストラン・観光などの「予約」(=〈英〉booking)です。病院や美容院の「予約」は appointment を用います。/ e-mail *reservation* 電子 [E] メールによる予約 / e-mail *reservation* request form 電子 [E] メールによる予約申込フォーム / tentative *reservation* 仮予約。

(2)　客：クレジットカードを使うことができますか。

　　　店員：＿＿＿＿＿＿＿＿＿＿＿＿＿＿＿＿＿＿

　a) いらっしゃいませ。　　　b) ビザカードを持っています。
　c) これを包んでください。　　d) はい、できます。

【解説】店で買物をする客が店員に対して支払いをする時に「クレジットカードの使用」(use my credit card) が可能かどうかを尋ねています。店だけでなくレストランやカフェまた小さなホテルなどでの支払いをする時によく用いる基本表現です。本文の Can I (do)? は助動詞 can を用いた疑問文です。したがって、その返答が肯定の場合ですので **d**) Yes, you can. が正解となります。ちなみに否定の場合は No, you can't. です。

【語句】**use**（名詞・動詞の発音の違いには要注意）。[júːz]〈動〉①「使う、使用する」: *use* the credit card クレジットカードを使う / *use* a ball-point pen (for writing the registration card)（登録カードに記入するために）ボールペンを使う。②「借りる」(= borrow; rent)。反意語は lend（貸す）です。use は無料でトイレや電話などをその場で使うこと。rent は有料で借りること。borrow は無料で借りた物を他の所へ持って行くこと。【ホテル】May I *use* your telephone? → Certainly. Go ahead.「お電話を拝借してもよろしいですか」→「もちろん。さあ、どうぞ」。cf.use [júːs]〈名〉「使用」: personal *use* 個人使用 (= private *use*) / be of *use* 役に立つ (= useful) / be in *use* 使用中 / be out of *use* 使用されていない / make *use* of 利用する / a lounge for the exclusive *use* of first-class passengers ファーストクラス乗客専用ラウンジ / credit card [C/D]「クレジットカード」。plastic card または plastic money とも言います。【買物】Do you accept a *credit card*? → Yes, we do. What kind of *credit card* do you have? → (Mine is a) Visa card. → All right. Please sign here.「クレジットカードは使えますか」(= Can I use a *credit card*?) →「はい。大丈夫です。どんなカードですか」→「ビザカードです」→「けっこうです。では、ここにサインをお願いします」。否定の場

合は、I'm sorry. We don't accept them. We only accept cash.「申し訳ございません。お断りしております。現金のみ承ります」などと言います。

【注】　a)　May I help you?「ご用でしょうか」。Can I help you? または What can I do for you? などとも言います。help は本来「役に立つ」の意味です。接客する時の代表的な基本表現です。What can I do for you? よりは丁寧です。

　　b)　I have a Visa card. ここではすでに自分の「持っているカード」が使用できるかどうかを聞いているのです。不自然な返答です。

　　c)　Wrap this, please. 買物をした時などで「包装」希望を告げる表現です。wrap [ræp]（w は発音しない）〈動〉「包む (up)、巻く；（紙・布などで）くるむ」。pack は（郵送・保管のために）「包装する」ことです。

(3)　客室乗務員：お客様のバッグを荷物棚に載せてもいいですか。
　　　乗客：＿＿＿＿＿＿＿＿＿＿＿＿＿＿＿＿＿＿＿＿
　a) それは 10 キログラムです。
　b) そこには名札が付いています。
　c) 魚をお願いします。
　d) ありがとう。よろしくお願いいたします。

　解説　乗客は機内で荷物を床上に置いているので、客室乗務員が「荷物棚の上に載せて」(put a bag in the compartment) もよいかどうかを尋ねています。乗客は同意を示し、その好意に対して返礼する様子がうかがえます。したがって d) Thank you very much. が最も適切です。

【語句】　compartment〈名〉①「（飛行機の）収納場所」: baggage [luggage] *compartment*（飛行機の）手荷物格納室 / overhead *compartment*（機内の）頭上の荷物棚（＝ overhead locker [bin]）。【機内】Could you put my baggage into the *compartment*? → Yes, ma'am. I'll do it right away.「この荷物を収納場所に入れてくださいますか」→「はい、承知しました。すぐにお入れします」。②「コンパートメント、（列車・飛行機・客船などの）仕切り客室 [個室]」。ヨーロッパ・英国では向かい合わせの座席があります。客室は 10 ほどの個室に仕切ってあります。座席が 2 列あり、4〜6 人が向かい合って座る個室です。米国では 2 人用の寝台を持ち、浴室（トイレ・洗面所）付きの個室を指します。通称「コンパート」。いずれもドアによって通路 (corridor) に出ます。日本の成田エクスプレスにも 4-person compartment（4 人用コンパートメント）があります。

couchette「クシェット、簡易寝台車」(昼は仕切り部屋、夜は 4 人用寝台)
と 区別すること。

【注】　a)　It's 10 kg. 空港で荷物などの「重量を測った」時に用いる表現
です。【空港】　What's the *weight* of this baggage? → Let me *weigh*
it. It's 10 kilograms in *weight*.「この荷物の重さはどれくらいですか」
(= How much does this baggage *weigh*?)」→「量ってみます。10 キロ
です」(= It *weighs* 10 kilograms.)

　　b)　It has a name tag on it. 空港で紛失した荷物などに「名札が付い
ている」ことを伝える時に用いる表現です。name tag は荷物やかばんな
どに付ける「名札」です。ただし name plate [card; badge] はパーティ
などの時に「胸に付ける名札」のことです。【空港】　Please attach a
name tag to your baggage.「手荷物に名札を付けてください」

　　c)　Fish, please. 機内食またレストランなどでの配膳時に「飲食物を注
文する」時に用いる表現です。【機内】　Which would you like, fish or
beef? → (I think I'll have) Fish, please.「お魚それともお肉になさいま
すか」→「お魚をお願いします」

(4)　店員: お客様のサイズはどれくらいですか。
　　　客: 米国のサイズはあまり詳しくないのです。＿＿＿＿＿＿＿＿

　　　　　　　＿＿＿＿＿＿＿＿＿＿
　　a)　私にドレスを着せてください。
　　b)　私の寸法を測っていただけますか。
　　c)　私のドレスを直してください。
　　d)　私の衣服を大きさが合うように調整してほしいのです。

　解説　客が米国のブティックまたは洋服店で店員から「衣服のサイズ」
(What size . . . ?) を聞かれ、米国でのサイズについてはあまり詳しくない
と伝えています。したがって b) Could you measure me? と依頼するの
が最適の正解です。

【語句】　size〈名〉「サイズ、大きさ、寸法」。日本語で胴回り寸法のこと
を表す「ウエスト・サイズ」は英語では waist measurement と言います。
【買物】　What *size* do you wear in your country? → *Size* 11 usually
fits me.「お客様の国でのサイズはいくつですか」→「普通 11 サイズが合
うと思います」(= I think a medium will fit me.)。☆ファーストフード
店などでもよく用います。I'll have a Fanta Orange. → What *size*
would you like? Small, medium or large? → Medium, please.「ファ

ンタ・オレンジをお願いします」→「サイズはどのようになさいますか。小、中それとも大ですか」→「中でお願いします」/ measure〈動〉「(大きさ・長さ・量を)測る、量る、寸法をとる」。【洋服店】 The tailor *measures* me for a dress.「洋服屋は私のドレスの寸法をとります」/ be familiar with 〜「〜に精通している」。【娯楽】 I'*m not familiar with modern jazz*.「モダンジャズはあまりよく知りません」

【注】 a) dress〈動〉「(衣服を)着せる」。着物の着付けなどで用いる単語です。反意語はundress「脱がせる」です。Mother *dressed* her child for the party.「母は子供にパーティ用の服を着せた」

c) fix〈動〉「直す、修理する」(= repair; mend)。故障したものを直す時に用いる単語です。【ホテル】 Could you *fix* the TV which doesn't work? → Sure. We'll have it *fixed* by the time you get back to the hotel.「作動しないテレビを修理してくださいますか」→「はい。お客様がホテルに戻るまでには修理させておきます」

d) fit〈動〉「合う」。寸法・形がぴったり合う。衣服・靴などに用いる単語です。【洋服店】 What size do you take? → I think size 7 will *fit* me.「サイズはどのくらいですか」→「7サイズが合うと思います」。cf. fitting room「(衣服の)試着室」(= changing room; dressing room)

(5) 客: 試着してもよろしいでしょうか。

　　店員: _____

a) 気にしないでください。けっこうです。

b) 試着室はカウンターの隣にあります。

c) それは価格に含まれています。

d) いいえ、私はいりません。私は満腹です。

【解説】 デパートまたは洋服店やブティックなどで客が店員に向かって「試着」(try on)してもよいかどうかを尋ねています。店員は「試着する部屋」(fitting room)を教える必要があります。したがってその返答は**b)** The fitting room is next to the counter. が正解です。

【語句】 **try on**「(衣服・靴などを)試着する」。衣類・帽子・靴などを買物する時によく用いる語句です。【買物】 Can I *try* this dress *on*? → Yes, please. You can *try* it *on* in that fitting room.「この服を試着してもいいですか」→「はい、どうぞ。あの試着室でお召しになってください」。目的語が代名詞(it, them)の場合はtryとonの間に置きます / fitting room「(衣服の)試着室」(= changing room; dressing room)。

cf. fit〈動〉「(寸法・形が) ぴったり合う、(衣服・靴などが用途に) 合う」。
fitting〈名〉「試着；合わせること」。

【注】　a)　Never mind.「詫びる言葉」(I'm sorry. など) に対して返答する基本表現です。この mind は「気にする、いやがる」という意味で、主に疑問文・否定文で用います：I'm sorry. → Never mind.「ごめんなさい」(= Excuse me. / I beg your pardon.) →「気にしないで」(= Don't worry.) / fine〈形〉①「申し分ない」【レストラン】 Would this table be all right for you? → Yes. That's *fine*. Thanks.「こちらのテーブルでよろしいですか」→「はい、けっこうです。ありがとう」。②「元気な」：How are you, Jane? → I'm *fine*, thank you. And how are you, Junko?「ジェーン、いかがですか」→「元気よ。順子さんはどうですか」

　c)　It's included in the price. 税金などが品物の値段に含められているかどうかを尋ねる問いに対して返答する時に用いる表現です。include〈動〉「含む」(= contain)。反意語は exclude (除く) です。include は「中身の<u>一部</u>として含む」ことを指します。(例) The box *includes* apples.「この箱にはリンゴ<u>も</u>入っている」contain は「中身の<u>全体</u>を含む」ことを指します。(例) The box *contains* apples.「この箱にはリンゴが入っている」/ price〈名〉「価格；(品物の) 値段 (= charge, cost, expense)；物価 (prices)；料金」。price は「品物の値段」、charge は「サービス・労働に対する料金」、cost は「かかった費用」、expense は「支払いの総額」の意味です。【観光】 Is lunch *included* in this tour? → Lunch is included in the *price* of the tour.「ツアーに昼食は含まれていますか」→「昼食はツアーの価格に含まれています」☆ What's the *price* of this dress?「このドレスはいくらですか」。*How much* is this dress? とも言いますが、How much is the price of this dress? とは言いません。

　d)　I'm full. レストランなどで追加の飲食を尋ねられ、「満腹」(full) のため「断る」(No, thanks.) 時に用いる表現です。full〈形〉①「満腹の」。反意語は hungry (空腹の) です。【レストラン】 Won't you have some more fruit? → No, thank you. I'm *full*. I can't eat any more.「もっと果物を召し上がりませんか」→「もうけっこうです。満腹です。もうこれ以上食べられません」。I've had *enough* [*plenty*]. / I have a *full* stomach. なども言います / No, thanks.「けっこうです」【カフェ】 Do you take cream and sugar in your coffee? → *No, thanks.* Black is fine.「コーヒーにクリームと砂糖を入れますか」→「いいえ、けっこうです。ブラックでいいです」

《演習 2–B》

■**解　答**■　(6) —a)　(7) —c)　(8) —d)　(9) —b)　(10) —d)

(6)　旅行者: トラベラーズチェックを現金に換えたいのです。

　　　銀行係員: ＿＿＿＿＿＿＿＿＿＿＿＿＿＿＿＿＿＿＿＿

　　　旅行者: 旅券でよろしいでしょうか。

　a) 何か身分証明書をお持ちですか。　b) はい、おつりです。

　c) 予約が必要です。　　　　　　　d) 税関申告書にご記入ください。

| 解 説 |　旅行者が銀行の窓口でトラベラーズチェックを「現金化」(encash) しようとします。係員は旅行者に対して何か「身分を証明するもの」(identification) を提示するように依頼します。旅行者が「旅券」(passport) でも支障がないかどうかを聞いています。したがって **a**) Do you have any ID? が最も適切です。

【語句】　**cash**〈動〉「換金する (= encash)、(小切手などを) 現金に換える (= convert into cash)」。【銀行】 I'd like to have my traveler's checks *cashed* into U.S. dollars, please.「トラベラーズチェックを米ドルに現金化してもらいたいのです (= Can I have these traveler's checks *cashed* into U.S. dollars?)。cf. cash 〈名〉「現金 (硬貨・紙幣)」: *cash discount* 現金割引 / ID「身分証明」identification の略です。海外でトラベラーズチェックを使用する場合、信頼性のある身分証明書の提示が求められる場合があります。例えば旅券、国際免許証、(大手の) クレジットカードなどがあります。/ ID card「身分証明書」。identification card; identity card とも言います。/ do〈動〉「間に合う; よろしい、けっこうである」。通常は will, won't を伴います。受動態や進行形にはできません。Where shall we meet? → Any place will *do*.「どこで待ち合わせましょうか」→「どこでもいいですよ」

【注】　b)　店員などが顧客に対して「おつり」(change) を渡す時に用いる表現です。

　c)　ホテルやレストランまた観光などで「予約」(reservation; booking) する時に用いる表現です。【観光】 I'd like to make a *reservation* for a full-day tour.「終日観光を予約したいのです」

　d)　税関などで海外で購入したものを「記入する」ように指示される時

に用いる表現です。customs declaration form「税関申告書」(= customs declaration card)。【税関】 Please be sure to sign your passenger's *customs declaration form.*「旅客の税関申告書にサインすることを忘れないでください」/ fill in「(書式に) 書き込む」(=〈米〉fill out)。用紙 (form) や空所 (blank) に「具体的な項目」(例: 住所氏名・便名など) の必要事項を記入する時に用います。write down (書き込む), enter ((名前・金額などを) 記入する) とも言います: *fill in* the registration card宿泊登録カードに記入する / *fill in* one's name and address here住所氏名を記入する (日英語の語順に注意)。

(7)　　観光客: すみませんが、写真を撮っていただけませんか。

　　　　ガイド: ＿＿＿＿＿＿＿＿＿＿＿＿＿＿＿＿＿＿＿＿

　　　　観光客: ちょっとこのボタンを押してください。

　a) はい、どうぞ。　　b) 遠慮なく召し上がってください。

　c) いいですよ。　　　d) さあ、どうぞ。

解説 観光地で景色のよい場所などを背景にして、観光客がガイドに対して「写真を撮ってもらう」(take a picture) ように依頼しています。さらにカメラの「シャッターボタンを押してもらう」(push this button) ように伝えているところからガイドは快諾したことが想定されるので、c) Not at all. が正解です。

【語句】 **mind**〈動〉「気にする、いやがる」。主に疑問文・否定文で用います。【ホテル】 Don't you *mind* paying the extra charge of 50 percent? → No. I don't *mind.*「50パーセントの追加料金がつきますがよろしいですか」→「はい、かまいません」。本文の Would you mind (doing)? は「(恐れ入りますが) 〜していただけませんでしょうか」という意味です。相手に何かを「依頼」したり、「要求」したりする時の基本表現です。Do you mind (doing)? よりも丁寧な表現です。肯定の場合: 【空港】 What's in this bag? *Would you mind* open*ing* it? → Not at all.「このバッグの中身は何ですか。開けてくださいますか」→「いいですよ」。No, I wouldn't mind. / Certainly not. / Of course not. とも言います。また積極的に応じる場合は "Certainly." または "Sure(ly)." と言えばよいのです。否定の場合: 【機内 / 車内】 Excuse me, sir. *Would you mind* trad*ing* seats with me? → I'm sorry, but I can't.「恐れ入りますが、私の席と替わっていただけますか」→「いいえ、困ります」。Yes, I do mind. / Well, I'd rather you didn't. / I'd prefer it if you didn't. な

どとも言います。cf. <u>Do you mind if . . . ?</u>「. . . してもよろしいですか」
(= Do you mind one's (doing)?)。「許可」を求める表現です。または
Can I . . . ? / May I . . . ? / Is it all right [OK] if . . . ? / May I have
your permission . . . ? などとも言います。直訳すると「. . . すれば、気
になりますか」の意味です。したがって肯定の返答 (はい、どうぞ) は No,
I don't mind.「かまわないよ」(気にしません) と言います。また yes を
用いる場合 Yes, that's all right. (いいですよ) と言います。しかし Yes.
だけの返答は相手の申し出に対して「気にする」という意味になります。
Do you mind if I smoke here? → No, I don't *mind* at all.「ここでたば
こを吸ってもいいですか」(= Do you mind my smoking?) →「はい、ど
うぞ。いいですよ」。☆否定の返答は Well, I'd prefer if you don't.「ご
遠慮いただければ、うれしいのですが」などと言います。

【注】　a)　Yes, please.「はい、どうぞ」。人から何か勧められたことに対
して返答する時に用いる基本表現です。【カフェ】　Would you like
some coffee? → *Yes, please.*「コーヒーを少しいかがですか」→「はい、お
願いします」

　　b)　Help yourself, please.「ご自由にお召し上がりください」。人に飲
食物を勧める時に用いる慣用表現です。【レストラン】　Help yourself to
some fruit, please.「もっと果物をご遠慮なくお召し上がりください」

　　d)　Go ahead.「さあ、どうぞ」。許可・同意などを求める願いに対し
て快く応答する時に用いる基本表現です。【ホテル】　May I use your
phone [borrow your pen]? → Certainly. *Go ahead.*「電話 [ペン] をお
借りできますか」→「はい、どうぞ」

(8)　　　ガイド: 今日は雨のためクルーズはお楽しみいただけません。
　　　　旅行者: _____
　　　　ガイド: 美術館に行きましょう。

　a) 先週は豪雨でした。

　b) フィッシュアンドチップスをおいしくいただきました。

　c) ウェルダンでお願いします。

　d) その代わり何をする予定ですか。

　解説　ガイドがクルーズ観光の参加者に向かって雨天のため「クルーズ
の中止」(cancellation of cruise tour) を伝えています。そして参加者の
質問に対して「美術館に行くこと」を提案しています。したがって参加者
はその「代替案」を聞いていることが想定されるので、d) What will we

do instead? が正解となります。

【語句】　enjoy〈動〉「楽しむ、喜ぶ」。観光英語の定番としてよく用いる必須単語です。**【観光】** How did you *enjoy* your trip to Boston? → I *enjoyed* it very much.「ボストン旅行はいかがでしたか」→「非常に楽しかったよ」(= I've *enjoyed* myself very much.)。**【機内】** Please *enjoy* your flight.「空の旅をお楽しみください」機内での乗客に対する慣用表現です。Have a pleasant flight. とも言います。状況によっては「いってらっしゃい」という和訳も考えられます / instead〈副〉「(その) 代わりに」。**【空港】** I canceled my ticket for a morning flight and booked a night flight *instead*.「朝の便を取り消して夜の便を予約しました」

【注】　a)　It rains hard.「激しい雨が降る」。rain〈動〉「雨が降る」: stop *raining* 雨がやむ。cf. rain〈名〉「雨、降雨」: *rain* shower 夕立 / *rain* or shine 晴雨にかかわらず / *rain* check 雨天引換券、雨天順延券 (試合などが雨のため中止になった時に受け取る)。

　b)　fish and chips「魚フライとフライドポテトの付け合わせ」(= fish-and-chips)。魚 (タラ (cod)、シタビラメ (sole) など) のフライにチップス (chips; French fried potatoes) を添えた料理です。紙に包んで持ち帰るか、路上や車内で食べる人が多いようです。英国の代表的な大衆食ですが、最近は米国でも人気があります。enjoy「(食事を) 楽しく味わう」レストランまたは機内での食事を楽しむ客に対する慣用表現です。**【レストラン】** How do you *enjoy* your dinner? → It tastes good.「ディナーはいかがですか」→「とてもおいしいです」

　c)　well-done〈形〉「(ステーキを) よく焼いた」。**【ステーキの焼き方】** How would you like your steak?「ステーキの焼き加減はいかがいたしましょうか」→ I'd like it (　), please.「(　) にしてください」かっこ内には下線の単語を入れて活用できます。《1》rare「レア、生焼け」(= undercooked; 〈英〉underdone), medium-rare「ミディアムレア (ミディアムとレアの中間の焼き具合)」。《2》medium「ミディアム、中くらい」、medium well-done「ミディアムウェルダン (ミディアムとウェルダンの中間の焼き具合)」。《3》well-done「ウェルダン、よく焼いた」。通常は単に Medium [Rare / Well-done], please. と返答します。

(9)　税関係員: 申告するものがありますか。

　　　旅行者: ＿＿＿＿＿＿＿＿＿＿＿＿＿＿＿＿

　　　税関係員: 植物または肉類を持っていますか。

a) いいえ、ひとりではありません。

b) いいえ、申告するものは何もありません。

c) はい、そこへは一度行ったことがあります。

d) はい、残念です。

解説　税関で旅行者が係員から「税関申告の有無」に関して尋ねられています。またその後「植物や肉類の所持」に関して尋ねられています。いずれも Do you have . . . ? という疑問文です。その疑問文に対しては I have . . . で応答することができます。したがって **b**) No, I have nothing to declare. が正解となります。

【語句】　**declare**〈動〉「(税関で課税品を) 申告する」。【税関】　Do you have anything to *declare*?「申告するものがありますか」(= Is there anything to *declare*?) に対して2種の返答があります。《1》申告するものがある場合、Yes, I have something to *declare*. 日常会話では単に Yes, I do. と返答します。《2》申告するものがない場合、No, I don't have anything to *declare*. または No, I have nothing to *declare*. と言います。日常会話では単に No, nothing. または No, nothing in particular. とも返答します。cf. declaration〈名〉「(税関での) 申告 (=〈英〉statement);申請書」。税関では通常 oral declaration「口頭申告」(= verbal declaration) で済みますが、課税品がある場合は written declaration「書面申告」(= declaration in writing) となり、customs declaration form [card]「税関申告書」を提示します。ちなみに「課税対象」は red light inspection desk [counter; stand] (赤の検査台)、「免税対象」は green light inspection desk [counter; stand] (緑の検査台)へ進みます。

【注】　a)　alone〈副〉「単独で、ひとりで」(= by oneself)。【空港】 Are you traveling *alone*? → Yes, I'm by myself. / No. I'm with my friend.「ひとり旅ですか」→「はい、自分ひとりです」/「いいえ、友人と一緒です」

c)　have been to ～「～へ行ったことがあります」。経験を表す現在完了形です。【観光】 I have been to Boston.「ボストンへ行ったことがあります」/ once〈副〉「一度」cf. twice 二度 / three times 三度。

d)　That's too bad.「残念だ、気の毒だ」と感情を表す表現です。【SOS】 I've caught (a) cold. → That's too bad.「風邪を引きました」→「それはいけませんね」

(10)　店員: 何かお探しでしたらお手伝いいたしましょうか。

　　客: いいえ、けっこうです。＿＿＿＿＿＿＿＿＿＿＿＿＿

　　店員: 承知しました。どうぞ、ごゆっくりとご覧ください。何かご
　　　用の場合はお気軽にお申しつけください。

- a) 足元にご注意ください。
- b) それではまたお会いしましょう。
- c) お体を大切になさってください。
- d) ただ見ているだけです。

解説　店内に入り、店員が客に対して何か探しものがあれば「手伝いま
しょう」(Can I help you find something?) と助力を申し出ました。客
は「けっこうです」(No, thanks.) と断り、買う気はないようです。した
がって正解としては d) I'm just looking. が自然な返答です。

【語句】　Can I help you?「ご用でしょうか」。help は本来「役に立つ」
の意味です。接客する時の代表的な基本表現です。What can I do for
you? よりは丁寧です。ここでは help + (人) + (to) do「(人) が (〜する)
のを手伝う」。help の後に来る動詞は通例 to を用いません (原形不定詞)
が、to を付けることもあります。(例) Shall I *help you* (*to*) *carry* your
heavy baggage?「重い手荷物を運ぶのを手伝いましょうか」/ Can I *help
you to find* your seat?「お席を見つけてさしあげましょうか」。cf. help
の後に名詞が来る場合は with [in] を用います。May I *help you with*
your bags?「お荷物をお持ちしましょうか」/ take one's time「ゆっくり
する」Please take your time.「どうぞ、ごゆっくりとお考えください」/
in case「〜の場合」(= if) 本文は Go right ahead, please. Don't hesi-
tate to let me know if you need any help.「どうぞ、ごゆっくり。ご用
の場合はお気軽にお知らせください」とも言えます / (I'm) Just looking.
「ただ見ているだけです」。I'm just browsing. とも言います。browse
[bráʊz]「(店で) 漫然と商品を見てまわる」

【注】　a)　床が濡れていたり、または段差がある場合「足元」(step) に注
意する (watch) よう催促する表現です。Mind your *step*. また Be careful
in walking. とも言います。

　b)　人と再会する時に用いる表現です。*See* you soon! *See* you again!
などとも言います。特に別れる時の慣用表現です。*See* you!「さようなら；
ではまた会いましょう (ね)」。I'll *see* you! / I'll be *seeing* you! の略式表
現です。

　c)　人の健康を気遣う時に用いる表現です。take care of ①「(〜に) 気

をつける、注意する」 *Take* good *care of* your health ［yourself］.「くれ
ぐれもお体を大切になさってください」とも言います。②「世話する、大
事にする」責任をもって引き受ける時に用いる慣用表現です。Could you
please *take* good *care of* my baggage?「私の荷物を大事に扱ってくださ
いますか」

第3章　英文構成の問題

出題傾向

　観光・旅行を主題にした英文を正しく構成する出題です。「英語で自分の意志を正しく表現する」ことはコミュニケーションの基本です。日本語から英語で「作文する」というよりは、提示された語句を正しく並べ替えることによって英文を正確に「構成する」出題です。

◆出題形式

　すべて「多肢選択」の客観的問題です。観光関連の資料の中に下線部分に空白があり、それぞれについて提示された選択肢 a)、b)、c)、b) の語句を並べ替えます。その下線部分の英語を完成した上で、指定された箇所に入る語句の記号を選ぶ形式です。

◆出題内容

　過去に出題された「観光・旅行」に関する英文内容を列挙しましょう。

《A》　最新の出題テーマ
- ・「機内持ち込みの手荷物事情」
- ・「空港でのテロ対策に関する手荷物事情」
- ・「エジプト・カイロ市場での買物事情」
- ・「観光ブームにおける B＆B 運営事情」
- ・「米国のテーマパークに関する観光事情」など。

《B》　語学面からの出題内容
(a) 文法・語法: 準動詞（特に不定詞と動名詞）の用法、品詞の語順など。
- ・(Some) people love shopping souvenir . . . [動名詞の活用]
- ・(Many business) travelers don't like to (check in their luggage at all). [不定詞の活用]
- ・(You will have a) lot less trouble at (security in the airport). [比較級の活用]
- ・(If you're going to) stay in a hotel(, always check for special family deals). [原形動詞の活用]

(b) 熟語・慣用句: 前置詞・副詞を伴う表現など。
- ・(You need to make a business plan, and) deal with guests and

(employees).［熟語］

・(You can be helped with the children and your baggage) all the way to (your plane).［慣用句］

・(You won't have to) wait for your bags (at the baggage carousel).［熟語］

(c) 基本 5 文型：自動詞と他動詞の活用など。

・(You have to cook) meals and clean rooms(.)［基本文型：他動詞と接続詞の活用］

・(Planning carefully) and making reservations before (your departure are both important.［動名詞の活用］

・(You even have to) make the registration cards (yourself).［原形動詞の活用］

出題例

【出題例 3】

次の文章を完成させるために、a)、b)、c) および d) を並べ替え、下線部分にある (21) から (25) に入る最も適切なものを選びなさい。

Check in or Carry on?

At the airport, should you check your luggage in, or not? Most passengers on airlines check in _____ _____ _____ (21) carry on their smaller bags, including lap-top computers. However, many business (22) _____ _____ _____ check in their luggage at all. They usually use a smaller suitcase and carry it onto the plane. Many travel experts also recommend carrying on all baggage instead of checking it in. There are some good reasons for checking in luggage and some good reasons for carrying it onto the plane.

Good Reasons to Check in your Luggage

If you check your suitcase in, you will have a _____ _____ _____ (23) security and at other places in the airport. You will probably be asked to (24) _____ _____ _____ if you keep it with you. Also, on many flights there is limited space on the overhead bins. If you carry on your suitcase, you will have to hurry onto the plane to be sure to find a space for your bag.

Good Reasons to Carry on your Luggage

If you carry your bag on the plane with you, you won't have to _____ (25) _____ _____ at the baggage carousel when you reach your destination. When you get off the plane, you can save a lot of time. Also, if you carry your bag and keep it with you, there is no danger of the airline losing or damaging to bags.

(21) a) their　　b) and　　　c) suitcase　d) large

(22) a) to　　　b) don't　　c) like　　　d) travelers

(23) a) trouble　b) less　　　c) at　　　　d) lot

(24) a) for　　　b) open　　　c) inspection　d) it

(25) a) for　　　b) wait　　　c) bags　　　d) your

解答と解説

【出題例 3】
■解　答■　(21)—b)　(22)—d)　(23)—c)　(24)—b)　(25)—a)
【全訳】

預けるか、それとも持ち込むか

　空港では手荷物を預けるべきか、それとも預けないでおくべきか。飛行機の乗客には自分の大型スーツケースを預け、そしてノートパソコンを含む小型かばんは機内に持ち込む人が多いです。しかしながら、出張する旅客の中には手荷物を全然預けたがらない人が多数います。通常そのような人々はむしろ小型スーツケースを利用し、機内に持ち込みます。旅の専門家にも手荷物を預けるよりは機内持ち込みを勧める人が多いのです。手荷物を預けること、また機内に持ち込むことには、それぞれに何らかの好都合の理由があります。

手荷物を預けることが好都合の事由

　スーツケースを預ける場合、空港で保安検査や他の場所においてほとんど厄介なことはなくなるでしょう。もし手荷物を持ち歩く場合、検査のため手荷物を開けるように指示されるのがおちです。さらには、多数の飛行機には頭上の荷物棚のスペースには限度があります。機内にスーツケースを持ち込む場合、荷物を置く場所を確保するため急いで搭乗しなくてはいけません。

機内持ち込みが好都合の事由

　機内にかばんを持ち込む場合、目的地に到着した時に空港の回転式コンベヤーから自分のかばんが出てくるのを待つ必要がありません。飛行機から降りて、多くの時間を節約することができます。さらには、自分でかばんを運んで持っている場合、航空会社によるかばんの紛失や破損の危惧がなくなります。

> **解説**

(21) b) が正解です。空所を含む完成英文は、(Most passengers on airlines check in) their large suitcase and (carry on their smaller bags, including lap-top computers.)「飛行機に搭乗する多くの乗客は自分の大型スーツケースを預け、そしてノートパソコンを含む小型かばんは機内に持ち込みます」となります。前文にある check in（預ける）の目的語の構成、そして接続詞 and の位置づけとその関連を把握することが解法のポイントです。

　まず、本文の主語は passengers（乗客）、その動詞は check in であることを理解しましょう。そして何を check in するかを把握することです。選択肢の中で目的語となる最も適切な単語は c) suitcase（スーツケース）です。次に、この suitcase と関連する形容詞は d) large（大きい）で、large suitcase となります。残るは a) their です。主語の passengers のことを指し、their large suitcase という語順になります。最後に、接続詞の b) and の関連性です。passengers の行動は前部の check in their large suit-case と後部の carry on their small bags です。この2つの独立する文節を結びつけるのが接続詞の and です。したがって carry on の前に正解の b) and が入ることになります。

(22) d) が正解です。空所を含む完成英文は、(However, many busi-ness) travelers don't like to (check in their luggage at all.)「しかしながら、商用で旅行する人の中には手荷物を全然預けたがらない旅行者が大勢います」となります。文中の travelers は何と関連するか、また to はどの動詞と関連するかを理解することが解法のポイントです。

　まずは、many (business) の後に続く名詞は複数形でなくてはいけません。選択肢には正解となる d) travelers しかありません。したがって many (business) travelers となります。次に、本文における後部の check in は動詞ですので、不定詞の a) to を受け「to ＋ 動詞の原形」の公式を当てはめると to check in が成立します。さらには、文中の選択肢の中にある動詞の c) like (好む) は不定詞 (to do) または動名詞 (doing) を伴います。英国では一般的なことを指す場合は動名詞、特定のことを指す場合は不定詞を用いますが、米国ではあまり区別はしません。いずれにせよ、ここでは不定詞と関連し like to (check in) が構成されます。最後に残るのは b) don't です。これは動詞を否定します。選択肢の中の動詞は like です。したがって like to (check in) と結びつき、travelers don't like to (check in) の否定文が完成します。

(23) c) が正解です。空所を含む完成英文は、(If you check your suit-case in, you will have a) lot less trouble at (security and at other places in the airport.) となります。「スーツケースを預ける場合、空港内での保安検査や他の場所においてほとんど厄介なことはなくなるでしょう」。lot の活用と at との関連語を把握することが解法のポイントです。

　まずは、d) lot は前文の最後にある不定冠詞 a と関連し a lot を形成します。a lot は「大いに、ずいぶん、どっさり」という意味で、比較級の形容詞・副詞を強めて修飾する用語です：I want *a lot* more.「もっとどっさりほしい」。She is *a lot* wiser than she was.「彼女は以前よりはずっと賢い」。次に b) less は形容詞である little の比較級です。little [less, least] は「ほとんどない」という否定的な用法です：He *little* knows the

trouble he's caused.「彼は自分が引き起こした混乱にはほとんど気づい
ていない」。さらに、形容詞 less は名詞を伴います。その関連する選択肢
の名詞は a) trouble しかありません。したがって (have a) lot less trou-
ble「ずいぶん厄介なことはほとんどない（ことになる）」の語順が構成さ
れます。最後に正解となる前置詞の c) at です。後文にある and は 2 ヵ所
にある単語の対句を結んでいます。したがって security と関連し、at (se-
curity and at other places in the airport)「空港内での保安検査所と他
の場所」の構文になります。

(24) b) が正解です。空所を含む完成英文は、(You will probably be
asked to) open it for inspection (if you keep it with you.) となりま
す。「もし手荷物を持ち歩く場合、検査のため手荷物を開けるように指示さ
れるかもしれません」。動詞 open の位置と前置詞 for と結びつく関連語に
気づくことが解法のポイントです。

　まず、You will be asked to の構文を念頭におくと、「to ＋ 不定詞」の
構文が想定できます。つまり to の次に動詞の原形が続きます。選択肢の動
詞は正解となる b) open しかありません。You will be asked to open が
成立します。次に、open は他動詞ですから目的語を伴います。選択肢に
は名詞の c) inspection または代名詞の d) it のいずれかです。inspection
を使用すれば残る単語が活用できません。したがって it は前文にある suit-
case と考えれば文意上は円滑に open it (your suitcase) が成立します。残
るは前置詞の a) for (のために) です。何のために開けるかを想定させる単
語は名詞の c) inspection (検査) です。後文にあるように、搭乗手続きの
時に手荷物を預けずに「持ち歩くこと」(keep it with you) になれば「検
査」(inspection) されることになります。したがって open it [your suit-
case] for inspection が構成されます。

(25) a) が正解です。空所を含む完成英文は、(If you carry your bag on
the plane with you, you won't have to) wait for your bags (at the
baggage carousel when you reach your destination.) となります。「機
内にかばんを持ち込む場合、目的地に到着した時に空港の回転式コンベヤー
から自分のかばんが出てくるのを待つ必要がありません」。動詞句 wait for
に関する知識が問われています。

　まず、前文の「have ＋ to」(＝ must) に続くのは原形動詞です。選択肢
には b) wait (待つ) の動詞のみがあります。wait は正解となる a) for と
結び合い wait for の熟語が成立します。次に、何を wait for するかを把

握することです。for に続く名詞は選択肢の中では c) bags のみです。最後に誰のバッグかを考えれば、文脈では d) your が想定され your bags と組み合わされます。したがってここでは wait for your bags「あなたのかばんが出るのを待つ」と完成します。

演習問題

《演習 3》

次の文章を完成させるために、a)、b)、c) および d) を並べ替え、下線部分にある (1) から (5) に入る最も適切なものを選びなさい。

In the past few years, airlines have been especially worried about the safety of travelers. Security _____ _____ _____ (1) airports. Baggage is checked more carefully now and so are passengers. In fact, __(2)__ _____ _____ _____ much time that passengers must arrive at the airport much _____ _____ _____ (3) time. Airport security guards, ground staff, and flight attendants are now working harder _____ _____ _____ (4) sure passengers can board aircraft safely and smoothly.

The sad events of September 11, 2001 in New York in the States changed air travel. Everything is more serious now. There have not been any large attacks on airlines recently, but the total number of terrorist attacks in the world still increases here, there and everywhere. It is possible that _____ _____ (5) _____ an airline will happen in the future. We all need to work to try to stop it from happening.

(1)　a) increased　b) has　　c) been　　d) in

(2)　a) take　　b) passenger　c) so　　d) checks

(3)　a) their　　b) than　　c) earlier　　d) departure

（4）　a）ever　　　b）to　　　　c）than　　　d）make

（5）　a）on　　　b）another　　c）attack　　d）terrorist

解答と解説

《演習 3》
■解　答■　（1）—d)　（2）—b)　（3）—d)　（4）—d)　（5）—c)
【全訳】

　ここ数年、航空会社はとりわけ旅行者の安全について憂慮してきています。空港における警備は強化されてきました。手荷物は以前よりはさらに慎重な検査が行われ、そしてこのことは旅客に関しても同様です。実際のところ、旅客の検査には多分に時間がかかるため、出発時間よりはずっと早めに空港に着く必要があります。空港警備保安員、地上職員そして客室乗務員は、旅客が安全かつ滞りなく機内に搭乗できるよう、以前よりはさらに念を入れて尽力しています。

　2001 年 9 月 11 日の米国のニューヨークにおける惨事は、航空機利用の旅を一変させました。現在にいたってもなお深刻です。最近では航空会社への大規模な攻撃は起こっていませんが、今でも世界におけるテロリストによる攻撃の総数は増加の一途をたどっています。航空会社に対する第 2 のテロリストの攻撃は将来起こるかもしれません。私たちは一丸となってテロ攻撃が起こらないように一層の努力が必要です。

解説
（1）　**d**）が正解です。空所を含む完成英文は、（Security) has been increased in (airports.) となります。「空港における警備は強化されてきました」。現在完了の受動態構文に関する知識が問われています。

　まずは現在完了形の「have ＋ p.p.（過去分詞）」、次に受動態の「be ＋ p.p.」に着眼することです。ここでは「空港における警備が現在にいたっても依然として継続しながら強化されている」という意味であるため、c) been と a) increased が最初に結びついて「受動態」の been increased となり、次に b) has と結びついて、継続を表す「現在完了形」の has been increased となります。最後に正解となる d) in（～の中に；～における）は場所・位置を表す前置詞であるため、airport「空港」と関連します。したがって（Security) has been increased in (airports.) と完成します。

(2)　**b**) が正解です。空所を含む完成英文は、(In fact,) passenger checks take so (much time that passengers must arrive at the airport much earlier than their departure time.) となります。「実際のところ、旅客の検査には多分に時間がかかるため、出発時間よりはずっと早めに空港に着く必要があります」。so + 形容詞 [副詞] + that S + V の重要構文と take の意味を理解することが解法のポイントです。

　まずは、主文の「動詞」が a) take となっているので「主語」は複数形でなくてはいけません。つまり b) passenger ではなく d) checks であることに気づくことです。checks は名詞で「検査」の意味ですから passenger checks (旅客の検査) となります。take (時間を要する) は後部にある much time (多くの時間) と関連し take much time「相当の時間がかかる」と所要時間を述べています。次に、c) so は後文の that S + V と関連し、「結果構文」(so 〜 that S + V) を作ります。so の次には形容詞または副詞を伴い、「非常に (形容詞・副詞) なので ... である」という意味になります: This lake is *so small* that it isn't shown in map.「この湖は非常に小さいので地図には出ていません」。したがって本文は旅客の検査には非常に時間を要することを述べているので、passenger checks take so (much time) と完成します。

(3)　**d**) が正解です。空所を含む完成英文は、(In fact, passenger checks take so much time that passengers must arrive at the airport much) earlier than their departure (time.) となります。(2) と関連した文章ですが、ここでは比較構文の知識が問われています。⇒ 訳文は (2) を参照のこと。

　文章全体の意味を考慮に入れて検討する必要があります。まずは、that 以下の文章をみると主語は passengers (複数形) で、動詞は arrive です。much は形容詞・副詞の比較級を修飾して「ずっと、はるかに」の意味があります。(例) It is *much* better than the others.「それは他のものよりはずっとよい」。したがって選択肢をみると much に続くのは比較級 c) earlier しかありません。b) than は形容詞・副詞の比較級の後に用いて「〜よりも、〜に比べて」の意味があり earlier than が構成されます。残るは d) departure (出発) です。だれの departure かを考えると、文脈からは主語の passengers です。したがって a) their (departure) と結びつき、earlier than their departure (time) と完成します。

(4)　**d**) が正解です。空所を含む完成英文は、(Airport security guards,

ground staff, and flight attendants are now working harder) <u>than
ever to make</u> (sure passengers can board aircraft safely and
smoothly.) となります。「空港警備保安員、地上職員そして客室乗務員は、
旅客が安全かつ滞りなく機内に搭乗できるように、<u>いまだかつてないほど
念を入れて尽力しています</u>」。than ever と make sure の慣用句の知識が
問われています。

　まずは、前部にある比較級の harder に着眼することです。形容詞・副
詞の比較級の後に用いて「～よりも」という意味の接続詞である c) than
が連結され harder than となります。次に a) ever は比較級の前後・最上
級の後でそれらを強調し「ますます、以前にもまして」の意味があります。
（例）It is raining harder *than ever*.「雨がさらにいっそう激しく降って
いる」。b) to は動詞の原形を伴います。選択肢には解答となる d) make が
あり、to make となります。しかも後部にある sure と結びつき to make
sure「念を入れる、確かめる」の語句が構成され、that 節を伴って「確実
に～する」の意味になります。make sure の後には that が省略されてい
ます。that 節の意味は「旅客が安全かつ円滑に機内に搭乗できること」で、
その実現のために関係者たちが「以前にもまして懸命に働いている」ので
す。したがって (. . . working harder) than ever to make (sure . . .) と
構成されます。

(5)　**c**) が正解です。空所を含む完成英文は、(It is possible that) <u>an-
other terrorist attack on</u> (an airline will happen in the future.) とな
ります。「航空会社に対する第 2 のテロリストの攻撃は将来起こるかもし
れません」。that 節の「主部」を発見して構成することが問われます。

　まずは、that 節の文中の「動詞」は (will) happen (起こる) です。次
に「主部」とその中にある「主語」は何かを把握することです。この場合
airline は単体で主語とはなりません。airline と関連する単語は前置詞の
a) on (～に対する) です。さらに、航空会社に対して将来に起こる (will
happen in the future) のは何かです。文脈から考えると c) attack (攻撃)
です。何の攻撃かと言えば d) terrorist です。つまり航空会社 (airline) に
対する (on) テロ攻撃 (terrorist attack) のことです。最後に形容詞の b)
another (もう一つの; 別の) は terrorist attack を修飾します。したがっ
て another terrorist attack on an airline が that 節以下の「主部」を構
成します。

第4章　英文読解の問題

出題傾向

　海外または国内の「観光パンフレット」や「観光案内」などの視覚的な情報を含む資料を提示して、その内容について問う問題です。観光英語検定試験が実施されて以来、毎年多種多様な形式と内容で出題されています。この問題は、「英文読解力」に加え、観光・旅行に関連する「知識と教養」を問う出題です。

◆出題形式

　海外における観光パンフレットや観光案内、またインターネットでの観光事情・旅行事情などの英文の「資料」が出題され、その内容に関する英語の質問に答える形式です。

　すべて「四肢択一の客観問題」です。3つの資料（記述文が2題、英会話文が1題）について5問、計15題が出題されています。質問の形式には次のようなものがあります。

- (a)　資料から読み取った内容に一致するように英文を完成させる。
- (b)　資料の内容に関する英語の質問に対して適切な応答文を選ぶ。
- (c)　資料の内容に照らして正しい文（TRUE［CORRECT］）または間違った文（FALSE［WRONG］）を選ぶ。選択肢は「英語」の場合と「日本語」の場合がある。
- (d)　資料（または資料に関する説明文）の中に設けられた空所に当てはまる単語（または語句）を選ぶ。
- (e)　長い英会話文を読んで文中の空所に入れる適切な語句を選ぶ。空所補充の形式である。

◆出題内容

【Part A】　海外観光事情の記述文
【Part B】　国内観光事情の記述文
【Part C】　国内観光事情の英会話文

　最近出題された資料は、観光・旅行中に遭遇すると想定される内容（パンフレット／広告・案内／地図・時刻表など）で、その範囲は多岐にわたっています。主として次の内容に分類されます。

【Part A】　海外観光事情の記述文
・Indian Pacific（オーストラリアの世界最長の大陸横断鉄道）
・Vacation Inn（バカンス・ホテル）のルームサービス
・グアムのリゾートホテルのサービス
・ボストン近郊の観光ツアー
・海外ホテルにおけるサービス案内

【Part B】　国内観光事情の記述文
・隅田川ラインの観光ツアー
・訪日観光客のための JR パスの利用
・浅草での日本文化体験
・東京から眺望する富士山（都庁展望台・東京タワー・高尾山）
・京都の史跡と民芸品買物の日帰り観光ツアー

【Part C】　国内観光事情の英会話文
・アキバ（秋葉原）観光とショッピング
・飛騨山脈（北アルプス）の谷間にある上高地ツアー
・JR 東日本の「ばんえつ物語」という臨時快速列車
・呉服屋でのショッピング

　特にこの問題では、資料の英文を読解するだけでなく、その内容を把握
し、要約する語学力が問われます。限られた時間内で内容を的確に理解す
るために、まずは出題された「テーマ」を理解し、次に「キーワード」を
把握することが求められます。英文の細部にこだわらず「文脈」（context）
をしっかりと把握することが大切です。

出題例

───【出題例 4】───

【Part A】　次の資料を読み、(26) から (30) の問いに対する最も適切
　な答えを、a)、b)、c) および d) の中から一つ選びなさい。

Route: Sydney - Adelaide – Perth
Duration: 3 nights in either direction
Distance: 4352 kilometres
Frequency: Twice weekly in both directions

The Journey

The Indian Pacific gives you two oceans on one of the world's longest and greatest train journeys. But most of your cruising will be across the vast ① of Australia. From the spectacular Blue Mountains to the treeless plains of The Nullarbor desert, where the train travels the world's longest straight stretch of railway track (478 kilometres), see unique ② and spot a fascinating variety of wildlife from your lounge or cabin.

Get up close and see the sights of some of our most famous outback towns when you enjoy an optional off-train sightseeing tour. The great train offers these tours during scheduled stops at Broken Hill, Adelaide and gold rich Kalgoorlie.

All along the Indian Pacific route, keep an eye out for a sighting of the magnificent *Australian wedge tailed eagle, the symbol of this great train. Its large wingspan of up to two metres will make it easy to spot in a clear desert sky.

Australian wedge tailed eagle オーストラリア尾長イヌワシ

(26)　Choose the most appropriate word for ① .
   a) square　　　　　　　　b) island
   c) atmosphere　　　　　　d) continent

(27)　Choose the most appropriate word for ② .
   a) landscape　b) gourmet　c) music　　d) languages

(28)　The Indian Pacific runs _____.
   a) every other day in both directions
   b) from coast to coast
   c) from Sydney to Cairns
   d) from north to south

(29)　Which is WRONG about the Indian Pacific?

a) It takes three nights and four days for the whole trip.

b) Passengers can enjoy wonderful scenery and wild animals from the train window.

c) Optional activities are available in the train.

d) The Australian wedge tailed eagle is the symbol of the Indian Pacific.

(30)　Which is CORRECT about the Indian Pacific?

a) 世界最速の列車のひとつである。

b) ナラボー平原では最高時速 478 km に達する。

c) 走行距離は 4,352 km で世界最長のひとつである。

d) 尾長イヌワシが現れると放送される。

【Part B】　次の資料を読み、(31) から (35) の問いに対する最も適切な答えを、a)、b)、c) および d) の中から一つ選びなさい。

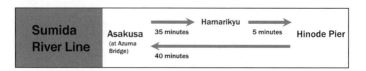

This is a pleasurable forty-minute trip on the Sumida River. The 12 bridges between Asakusa and Hinode Pier are very unique in both color and design, particularly the Azuma Bridge, a red truss bridge, and the Kiyosu Bridge, a blue suspension bridge. On the way to Hinode Pier from Asakusa, water buses stop at Hamarikyu where you can enjoy the beautiful Japanese garden.

You'll find both an Edo-period atmosphere and the "New" Tokyo at the same time as you listen to the announcements explaining the 　　①　　 points and historical places, and view the ever-changing scenery along the river and in the bay.

■Access

To reach the Asakusa Terminal, take Exit No. 5 of the Asakusa Subway Line or Exit No.4 of the Ginza Line. For Hinode Pier, get off at JR Hamamatsu-cho Station and walk 8 minutes from the South Exit. From Hinode Pier Terminal, you can take another water bus to other destinations or visit the Tokyo Rinkai Fukutoshin area by taking the Yurikamome Line.

■Hamarikyu: Open 9:00 - Close 17:00

Asakusa		
720 yen	Hamarikyu	
760 yen	200 yen	Hinode Pier

＊Amount shown is for one adult, one way.

The ② for elementary school children is half price of the adult ② .

＊It is 300 yen to enter Hamarikyu Garden.

truss bridge：トラス橋。

(31)　Choose the most appropriate word for ① .
a) security
b) medium
c) emergency
d) scenic

(32)　Choose the most appropriate word for ② .
a) fare
b) duration
c) reservation
d) departures

(33)　From Asakusa to Hinode Pier _____
a) there are 14 bridges, each the same style.
b) it takes 80 minutes.
c) you can get off at Hamarikyu if you like.
d) you can travel by water bus or the Yurikamome Line.

(34)　Which is TRUE about the Sumida River Line.
a) Only the Asakusa Subway Line services the Asakusa Terminal.
b) Hinode Pier is an eight-minute walk from JR Hamamatsu-cho Station.
c) From the Asakusa Terminal water buses to other places are available.
d) You can take the Yurikamome Line from Hamarikyu to visit Odaiba.

(35)　Which statement is FALSE about the information on Transportation?

　a)　小学生は日の出桟橋から浅草まで乗船する場合、運賃は 380 円である。

　b)　浅草から乗船して浜離宮で途中下船し再び日の出桟橋まで乗船する場合、運賃は 920 円である。

　c)　浜離宮の入園料は別途 300 円支払わなくてはならない。

　d)　往復乗船する場合、浜離宮の入園料は 200 円の割引きになる。

【Part C】　次の会話文を読み、(36) から (40) の問いに対する最も適切な答えを、a)、b)、c) および d) の中から一つ選びなさい。

Guide	:	As you know, we are going to spend all day in Akiba tomorrow.
Tourist A	:	What? What did you say?
Guide	:	Akiba!
Tourist B	:	What's Akiba? You ___(36)___ Akihabara?
Guide	:	That's right. They usually call it Akiba.
Tourist C	:	Japanese people really like to make their words short. Anyway I can't wait to see and buy an anime ___(37)___ and comic books tomorrow.
Guide	:	Do you have enough yen in cash? They don't usually exchange or ___(38)___ dollars and checks.
Tourist D	:	We are all fine. We've already changed money.
Guide	:	It's Sunday tomorrow and must be so ___(39)___. Please don't get lost! You can enjoy seeing a lot of street performances. Don't forget your camera.
Tourist C	:	I'm going to wear an anime ___(37)___ myself tomorrow. I'm so excited about that.

Tourist D：　Me, too! I've never worn one in the States. I didn't ever have a chance to wear one.

Guide　　：　Please enjoy the Anime Tour and buy a lot of souvenirs for yourself and friends. There are many comic books on sale. Many are not sold in the States.

Tourist B：　I want to go to the bookstore first. Are there many?

Guide　　：　Sure, and they usually have character __(40)__, too. They are expensive though.

Tourist C：　I don't care about that. Because that's why I'm here this time.

(36)　Choose the most appropriate word for __(36)__.
　a) mean　　　b) try　　　c) lend　　　d) borrow

(37)　Choose the most appropriate word for __(37)__.
　a) costume　b) passport　c) visa　　　d) dollar

(38)　Choose the most appropriate word for __(38)__.
　a) found　　b) lie　　　c) purchase　d) accept

(39)　Choose the most appropriate word for __(39)__.
　a) humid　　b) crowded　c) vacant　　d) occupied

(40)　Choose the most appropriate word for __(40)__.
　a) bowls　　b) outlet　　c) figures　　d) letters

解答と解説

【出題例 4】
【Part A】
■解　答■　(26) －d)　(27) －a)　(28) －b)　(29) －c)　(30) －c)

【全訳】

路線： シドニー ── アデレード ── パース
運行時間： 各方向とも 3 泊 4 日
距離： 4,352 キロメートル
運行頻度： 両方面に週 2 回

長距離旅行

　インディアン・パシフィックは世界で最も長くまた最もすばらしい列車旅行のひとつであり、2 つの大海が展望できます。しかし巡航の大半はオーストラリアの広大な 大陸 横断になるでしょう。世界で最も長い一直線に伸びる線路 (478 キロメートル) を列車が走行する、雄大なブルー・マウンテンズからナラボー砂漠の樹木が茂らない平原までの比類のない 景観 を眺めてください。またラウンジや客室の車窓から魅力的な様々な野生動物を見つけてください。

　途中下車のオプショナル観光ツアーに参加する際には、非常に有名な奥地の町にある観光名所に立ち寄って見物してください。この素敵な列車では、ブロークンヒル、アデレードや金鉱で有名なカルグーリーでの定期的に停車する時間を利用しながら、そのようなツアーに参加できます。

　インディアン・パシフィック全路線にわたって、このすばらしい列車の象徴である堂々としたオーストラリアの尾長イヌワシを見ることができるようにしっかりと目を光らせてください。ワシの 2 メートルにも及ぶ大きな翼幅のため、澄みわたった砂漠の空では発見しやすいでしょう。

【語句】　The Indian Pacific「インディアン・パシフィック」。オーストラリアの長距離旅客列車です。太平洋岸に位置するシドニーからインド洋に面したパースまでを結び、世界一長い直線区間を有しています。 / Blue Mountains「ブルー・マウンテンズ」。Greater Blue Mountains Area と言われ、ブルー・マウンテンズ国立公園とその周辺の公園を指しています。2000 年にはユネスコ世界自然遺産に登録されました / the plains of the Nullarbor desert「ナラボー砂漠の平原」。グレートビクトリア砂漠南部に位置する砂漠気候の平原です。「ナラボー平原」(the Nullarbor Plain) とも呼ばれます。☆「ナラボー」はラテン語で「樹木のない」という意味です / spot「(人・ものを) 見つける、発見する」(= catch sight of) / wildlife「野生動物、野生生物」/ get up close「近づく」/ outback town「奥地 [内地] の町」。大文字の Outback は「オーストラリアの内陸

部に広がる砂漠を中心とした人口希薄地帯」を指します。/ off-train
(sightseeing tour)「下車しての（観光ツアー）」/ keep an eye out for
「～を見張る、目を皿のようにして探す」keep an eye on「～から目を離
さない、～に注意する」（= watch）。/ sighting「（めずらしい動物などの）
目撃、発見」/ wingspan「翼幅」

(26)　　①　　に当てはまる最も適切な単語を選びなさい。
解説　空所の直前には vast「広大な」という形容詞があり、Australia
（オーストラリア）にある広大な「場所」と関連する単語が想定されます。
前文では世界最長の路線を走行するインディアン・パシフィック列車が横
断する（cruise across）様子がうかがえることから d) continent〈名〉「大
陸」が最も適切な単語です。
　　continent「大陸」。cont. と略されます。【観光】 There are seven
continents on the earth: Asia, Africa, Antarctica, Australia, Europe,
North America and South America.「地球上には7つの大陸がある。ア
ジア大陸、アフリカ大陸、南極大陸、オーストラリア大陸、ヨーロッパ大
陸、北アメリカそして南アメリカである」。The Continent（大文字の場
合）は「ヨーロッパ大陸」（英国から見た大陸）と「〈米〉北米大陸」の意味
があります。the New Continent「新大陸」（南北アメリカ大陸のこと）。
the Old Continent「旧大陸」（ヨーロッパ、アジア、アフリカのこと）。
【注】　a)　**square**〈名〉「（四角い）広場」。「円形の広場」は〈米〉circle;
〈英〉circus です。Washington *Square* ワシントン広場（米国）/ Trafal-
gar *Square* トラファルガー広場（英国）/ Kremlin and Red *Square*,
Moscow.「モスクのクレムリンと赤の広場」（ロシアの世界遺産）。
　　b)　**island**〈名〉「島、列島、諸島 (islands)」: *island* country 島国 /
desert *island* 無人島。☆ island に関する類語とその和訳に注意しましょ
う。(1)「～島」(-shima) island; islet:「淡路島」Awaji(shima) Island;
the Island of Awaji. (2)「～島」(-to) island; islet:「礼文島」Rebun
(to) Island. (3)「～諸島」(-shoto) (a group of) islands:「天草諸島」
Amakusa(shoto) Islands. (4)「～半島」(-hanto) peninsula:「能登半
島」the Noto Peninsula. (5)「～列島」(-retto) archipelago:「日本列
島」the Japanese Archipelago.
　　c)　**atmosphere**〈名〉①「(the ～) 大気」。地球を取り巻く空気層、（あ
る特定の場所の) 空気のことです: *atmosphere* of the earth 地球の大気

圏 / humid *atmosphere* しめっぽい空気 / cool mountain *atmosphere* ひんやりした山の空気。②「雰囲気；ムード」：the restaurant with a pleasant *atmosphere* 楽しいムードのレストラン。

(27)　② に当てはまる最も適切な単語を選びなさい。

解説　本文では、世界で最も長い一直線の線路を走行するインディアン・パシフィック列車に乗れば、壮大なブルー・マウンテンズからナラボー平原にいたるまでユニークな何かが見られると述べています。後半ではこの地域の野生動物も見られると記載されていることから **a)** landscape〈名〉「景観」が最も適切な単語です。

　landscape「景観」。scenery; sight; scene; view などの類語があります。ユネスコ世界自然遺産を説明する観光用語として最もよく使用されます。【世界遺産】Cultural *Landscape* of Sintra「シントラの文化的景観」（ポルトガルのシントラには歴史的な建造物が多数あり、詩人バイロンが「この世のエデン」と称した美しい町の文化的景観を呈している）

【注】　文脈からは「景観」以外の内容は合致しません。

　b)　**gourmet**〈仏〉「グルメ、食通、美食家」。

　c)　**music**〈名〉「音楽；楽譜」。

　d)　**languages**〈名〉「言語、ことば」。

(28)　インディアン・パシフィック列車は＿＿＿＿＿＿＿を運行する。

解説　列車がどこからどこまで「運行する」（runs）のか「区間」を検討する必要があります。まず本文の冒頭にある Journey overview「旅程概観」には「シドニー」（太平洋岸）から「アデレード」経由で「パース」（インド洋岸）までの路線であることが記載され、いずれも港湾都市です。また本文の冒頭には、The Indian Pacific gives you two oceans ...「インディアン・パシフィックからは 2 つの大海が展望される ...」と記載されています。つまり「太平洋」（the Pacific Ocean）と「インド洋」（the Indian Ocean）です。したがって正解を選ぶとすれば、**b)** from coast to coast「海岸から海岸へ」が最も適切です。The Indian Pacific runs <u>from coast to coast</u>. となります。

【注】　a)　every other day in both directions「両方面に 1 日おきに［2 日ごとに］（運行する）」。本文の Frequency には <u>Twice weekly</u> in both directions「両方面に週 2 回」と記載されています。cf. every other day「隔日に、1 日おきに」every second day; on alternate days とも言います。

c)　from Sydney to Cairns「シドニーからケアンズまで」。ケアンズはオーストラリア北東部にある珊瑚海に面する港湾都市です。方角が違います。また路線にも含まれていません。路線はシドニー ── アデレード ── パースです。

d)　from north to south「北部から南部まで」。地図を見ると東西の運行です。

(**29**)　インディアン・パシフィック列車に関する「正しくない記述」はどれですか。

解 説　本文では... you enjoy an optional <u>off-train</u> sightseeing tour.「<u>下車しての</u>オプショナル観光ツアーが楽しめます」と記載されています。off-train「車外」であって in the train「車内」ではありません。したがって **c**) Optional activities are available <u>in the train</u>.「オプショナルな活動は<u>車内</u>で利用できる」という記述は「誤り」です。消去法で解法を検討することもできます。つまり「正しい記述」を確認してから残る「正しくない記述」を決定することです。

【注】　以下すべて「正しい記述」です。

a)　It takes three nights and four days for the whole trip.「全行程の旅行は 3 泊 4 日を要する」。本文には Duraton: 3 nights in either direction「運行時間：各方面とも 3 泊」と記載されているので「正しい」です。

b)　Passengers can enjoy wonderful scenery and wild animals from the train window.「乗客は車窓からすばらしい景色や野生動物が楽しめる」。本文には、see unique landscape and spot a fascinating variety of wildlife from your lounge or cabin.「ユニークな景観をご覧ください。またラウンジや客室から魅力的な様々な野生動物を見つけてください」と記載されているので「正しい」です。

d)　The Australian wedge tailed eagle is the symbol of the Indian Pacific.「オーストラリアの尾長イヌワシはインディアン・パシフィックの象徴である」。本文では、the magnificent Australian wedge tailed eagle, the symbol of this great train.「このすばらしい列車の象徴である、堂々としたオーストラリアの尾長イヌワシ」と明記されているので「正しい」です。

(**30**)　インディアン・パシフィック列車に関する「正しい記述」はどれですか。

解説　本文では「走行距離：4,352キロ」(Distance: 4352 kilometres) また「世界で最も長くて、しかも最もすばらしい列車旅行のひとつ」(one of the world's longest and greatest train journeys) と記載されています。したがって **c**)「走行距離は 4,352 km で世界最長のひとつである」が正解です。解法として、消去法で検討することもできます。つまり「正しくない記述」を 3 ヵ所指摘すれば、残るのが「正しい記述」となります。

【注】　以下すべて「正しくない記述」です。

a)「世界最速の列車のひとつである」。本文には、世界最長 (the world's longest) とは記載されていますが、「世界最速」とは記載されていないので「誤り」です。

b)「ナラボー平原では最高時速 478 km に達する」。本文では、ナラボー平原での走行は世界で最も長く一直線に伸びる線路 (the world's longest straight stretch of railway track) と記されていますが、「最高時速 478 km」とは記載されていないので「誤り」です。

d)「尾長イヌワシが現れると放送される」。本文では、尾長イヌワシを目撃できるように注意すること (keep an eye out for a sighting of the eagle) とは記載されていますが、「放送」されるとは記載されていないので「誤り」です。

【Part B】

■**解　答**■　(31) —d)　(32) —a)　(33) —c)　(34) —b)　(35) —d)

【全訳】

隅田川ライン	浅草 (吾妻橋)	→　　　浜離宮 → 35分　　　　　　5分 ←———————— 40分	日の出桟橋

隅田川めぐりを楽しむ 40 分の船旅です。浅草と日の出桟橋との間に架かる 12 の橋、なかでも吾妻橋 (赤色のトラス橋 [構橋]) と清洲橋 (青色の吊り橋) は、その色彩と形が非常に個性的です。浅草から日の出桟橋へ行く途中、水上バスは美しい日本庭園が満喫できる浜離宮に止まります。① 風光明媚な 名所旧跡を紹介する船内放送に耳を傾け、隅田川沿いや東京湾内の変貌する姿を眺めながら、江戸時代の昔の情緒と東京の「今」を同時に発見できるでしょう。

■アクセス

　浅草ターミナルへ（行くに）は、地下鉄浅草線の5番出口あるいは銀座線の4番出口をご利用ください。日の出桟橋へ（行くに）は、JR浜松町駅で下車し、南口から徒歩8分です。日の出桟橋ターミナルからは他の行先の水上バスをご利用なさったり、ゆりかもめで東京臨海副都心へ向かうこともできます。

■浜離宮: 9時開園〜5時閉園

■ 運賃

浅草		
720円	浜離宮	
760円	200円	日の出桟橋

　＊表示料金は大人1人片道
　　小学生の 運賃 は大人の 運賃 の半額。
　＊浜離宮での入園料は300円です。

(31) ① に入る最も適切な単語を選びなさい。

解説　隅田川めぐりの案内では、水上バスが「浅草」から「日の出桟橋」へ向かい、日本庭園の「浜離宮」に止まります。その途中では江戸時代の昔の面影と今を息づく東京の変貌に関する名所旧跡を紹介する船内放送が流れると記載されています。放送内容の解説に留意することです。historical places「旧跡」と関連する用語が問われています。points は places または spots と同じ意味で「場所」を表します。江戸と東京の今昔物語の中での「名所旧跡」と関連する「景色のよい、眺望のよい」という意味の形容詞である **d) scenic** が正解です。

　scenic points and historical places「名所旧跡」。scenic spots and places of historical interest; places of scenic beauty and historic interest; places of natural beauty and historical interest などと表現できます。通訳の時などで短く historic scenes; historical sites; tourist spots などとも言えます / Hamarikyu「浜離宮恩賜庭園」。東京湾から海水を取り入れ潮の干満で景色の変化を楽しむことができる回遊式築山泉水庭です。江戸時代初期に造営された庭園で、国の特別名勝（Special Places of Scenic Beauty）・特別史跡に指定されています。

【注】　以下、観光英語としてよく使用する単語です。
　a)　**security**「安全、保安；防衛；警備」（＝ safety）: *security* clear-

ance 保安検査（= *security* check）/ *security* gate 検問ゲート / *security* guard 警備員、ガードマン（和製英語）。

　　b）　**medium**［〈複〉mediums, media］〈名〉「媒体；方法（means）；（衣服の）M サイズ（*medium*-sized dress）」。【買物】　We don't have a *medium* in this dress.「この服の M サイズはありません」。cf. medium〈形〉「（飲食物の）中くらいの、並の；（ステーキの）ほどよく焼いた」

　　c）　**emergency**「緊急；非常事態」：*emergency* exit 非常口（= *emergency* door; fire exit）/ *emergency* landing 緊急着陸、不時着 / *emergency* stairs［staircase］非常階段（= fire escape）。

(32)　　②　　に入る最も適切な単語を選びなさい。

│**解説**│　3 ヵ所の空所に ② があります。最初の空欄の見出しの横には「金額」が掲示されています。次の空欄では「小学生の〜は大人の〜の半額」となっています。したがって、これは交通機関の金額、つまり「運賃」です。選択肢の中で「金額」と関連する単語は fare のみです。したがって **a)** fare「運賃」が正解です。

　　fare（fair と同音異義語）「（列車・電車・バス・船など乗物の）運賃、料金」。ちなみに遊園地などでの「乗物の料金」を尋ねるには How much is one ride? と言いますが、fare は用いません。*fare* calculation 運賃計算（= *fare* construction）/ *fare* chart 運賃表 / *fare* cheating 無賃乗車 cf. *fare* cheater 無賃乗車する人 / *fare* for round trip 往復料金。

【注】　以下、観光英語としてよく使用する単語です。

　　b）　**duration**「（持続）期間、（存続）期間」：*duration* of flight 飛行期間、滞空時間 / tour *duration* 観光旅行の継続期間。【観光】　The *duration* of the trip is 10 days.「旅行期間は 10 日間です」。This is a trip of 10 days' *duration*. または The trip lasts 10 days. とも言います。

　　c）　**reservation**「（乗物・ホテル・レストラン・観光などの）予約」（〈英〉booking）。病院や美容院の「予約」は appointment と言います。have a *reservation* 予約している / cancel a *reservation* 予約を取り消す

　　d）　**departures**［DEP］「出発；出国」。反意語は arrival（到着）です。*departure* formalities［procedures］出国手続き / arrivals and *departures* of trains［flights］列車［飛行機］の発着。

(33)　浅草から日の出桟橋まで＿＿＿＿＿＿＿＿＿＿＿＿＿．

│**解説**│「浅草から日の出桟橋まで」に関する情報を本文の内容から検討し、下記の選択肢 4 つから 1 つを選びます。本文では、On the way to

Hinode Pier from Asakusa, water buses stop at Hamarikyu where you can enjoy the beautiful Japanese garden.「浅草から日の出桟橋に行く途中、水上バスは美しい日本庭園を楽しむことができる浜離宮に止まります」と記載されています。水上バスは止まりますが、希望すれば浜離宮で下船可能です。したがって **c**) you <u>can get off</u> at Hamarikyu if you like. が正解です。

【注】　a)　there are 14 bridges, each the same style「同じスタイルの 14 の橋があります」。本文では The <u>12 bridges</u> between Asakusa and Hinode Pier are very unique in both color and design . . .「色彩と形の両面において非常にユニークな <u>12 の橋がある</u> . . .」と記載されています。14 は誤りです。

　b)　it takes 80 minutes「80 分を要します」。本文の図を見ると<u>所要時間は 40 分（35 分 ＋ 5 分）</u>です。80 分は誤りです。

　d)　you can travel by water bus or the Yurikamome Line「水上バスまたはゆりかもめ線で行くことができます」。本文には、you can visit the Tokyo Rinkai Fukutoshin area by taking the Yurikamome Line「ゆりかもめ線を利用すれば東京臨海副都心へは行ける」と記載されています。しかし浅草から日の出桟橋までの路線はありません。ちなみに「ゆりかもめ線」は港区の新橋駅から日の出駅また台場駅や有明駅を経て江東区の豊洲駅まで結ぶ路線です。☆「東京臨海副都心」（Tokyo Waterfront City and Bay Area）は、港区の「台場地区」（通称「お台場」）、江東区・品川区の「青海地区」、江東区の「有明北地区」、江東区の「有明南地区」の 4 区に分かれています。公式愛称「レインボータウン」。

(**34**)　隅田川ラインに関する「正しい記述」はどれですか。

　解説　隅田川ラインの「アクセス」についての情報です。本文の資料をよく参照しながら理解することです。本文を見ると、For Hinode Pier, get off at JR Hamamatsu-cho Station and walk 8 minutes from the South Exit.「日の出桟橋へ行くには、JR 浜松町駅で下車し、南口から徒歩 8 分です」と明記されています。他はすべて誤った記載事項であるため、**b**) Hinode Pier is an eight-minute walk from JR Hamamatsu-cho Station.「日の出桟橋は JR 浜松町駅から徒歩 8 分である」が正解です。

【注】　以下すべて「正しくない記述」です。

　a)　Only the Asakusa Subway Line services the Asakusa Terminal.「(水上バスの) 浅草ターミナルへは都営浅草線だけが利用できる」。本

文では To reach the Asakusa Terminal, take the Asakusa Subway Line or the Ginza Line. と記載されており「浅草線」だけでなく「銀座線」でも利用できます。

c)　From the Asakusa Terminal water buses to other places are available.「浅草ターミナルから他の場所への水上バスが利用できる」。本文では From Hinode Pier Terminal, you can take another water bus to other destinations or . . . と記載されており、水上バスが他の行先へ向かう発着所は「日の出桟橋ターミナル」からであって「浅草ターミナル」ではないのです。

d)　You can take the Yurikamome Line from Hamarikyu to visit Odaiba.「お台場に行くには浜離宮からゆりかもめ線を利用することができる」。本文では From Hinode Pier Terminal, you can visit the Tokyo Rinkai Fukutoshin area by taking the Yurikamome Line. と記載されており、ゆりかもめ線に乗車できるのは「日の出桟橋ターミナル」からであって「浜離宮」ではありません。

(35)　交通機関に関する情報について「正しくない記述」はどれですか。

解説　交通機関の運賃についての正確な情報を理解することが解法のポイントです。本文で記載されている金額は「交通機関の運賃」(fare) と「浜離宮の入園料」(admission fee) だけです。本文での記載は「浜離宮の入園料は 300 円」(It is 300 yen to enter Hamarikyu Garden.) です。しかも「200 円の割引きがある」とは記されていません。したがって、この内容は「正しくない」記述であるため、d)「往復乗船する場合、浜離宮の入園料は 200 円の割引きになる」が正解となります。

【注】　以下すべて「正しい記述」です。

a)　「日の出桟橋から浅草までの小学生の運賃は 380 円である」。本文では「小学生の運賃は大人 (760 円) の半額である」(The fare for elementary school children is half price of the adult fare.) と記載されています。760 円 ÷ 2 = 380 円。

b)　「浅草から乗船して浜離宮で途中下船し、その後日の出桟橋まで再乗船する場合、運賃は 920 円である」。本文の運賃表を見れば、浅草から浜離宮までの運賃「720 円」に浜離宮から日の出桟橋までの運賃「200 円」をプラスします。720 円 + 200 円 = 920 円。

c)　「浜離宮の入園料は別途 300 円を支払う」。本文では「浜離宮の入園料は 300 円である」と記載されています。乗船料とは別途支払いになります。

【Part C】
■解　答■　(36)—a　(37)—a　(38)—d　(39)—b　(40)—c
【全訳】
ガイド　：　ご存知のとおり、明日はアキバで終日過ごすことになっています。

観光客 A：　何ですって？　いま何とおっしゃいましたか。

ガイド　：　アキバ！

観光客 B：　アキバって何ですか。秋葉原っていう (36) 意味ですか。

ガイド　：　そのとおりです。みんな、いつもアキバって呼んでいますよ。

観光客 C：　日本人は本当に言葉を短縮するのが好きなんですね。とにかく明日はアニメ (37) 衣装（コスプレ）やマンガ本を見たり買ったりするのが待ちきれないですよ。

ガイド　：　現金で日本円を十分に持っていますか。通常お店では両替しないですし、ドルや小切手を (38) 受け付けてくれません。

観光客 D：　私たちは全員大丈夫ですよ。すでに換金を済ませています。

ガイド　：　明日は日曜日のため非常に (39) 混んでいるはずです。迷子にならないでください。大勢の大道芸人を見物して楽しむことができます。カメラを忘れないでください。

観光客 C：　明日は自分でアニメ (37) 衣装（コスプレ）を着るつもりです。非常にうきうきしています。

観光客 D：　私もわくわくしています。アメリカでは一度も着たことがないんです。もっとも着るチャンスがなかったんですが。

ガイド　：　どうぞアニメツアーを存分に楽しんでください。それに自分自身と友人のためのお土産をたくさん買ってください。マンガ本はたくさんバーゲンで出ています。その大多数はアメリカの店頭にはまだ出ていませんよ。

観光客 B：　何はさておき明日は書店へまっしぐらです。たくさんそろっているでしょうかね。

ガイド　：　もちろんですとも。書店にはたいていキャラクターの (40) フィギュアも並んでいます。もっともそれらは高価ですがね。

観光客 C：　それは全然気にとめません。だって、そのために今回このツアーに参加したんですもの。

(36)　(36) に入る最も適切な単語を選びなさい。

解 説　ガイドが「アキバ」と略して言っているので、外国人観光客が聞き慣れていないため「秋葉原という意味ですか」と聞き返して確認しています。選択肢の中からこのような意味内容を表す単語 (動詞) は **a)** mean のみです。Do you mean Akihabara? の省略形です。本文では親しい間柄の会話ですから do (助動詞) が省略されています。

　　mean〈動〉(meant; meant. 発音は [mént]) は主として次のような意味があります。①「意味する」。【レストラン】 What does the continental breakfast *mean*?「コンチネンタル朝食とはどういう意味ですか」。What is the meaning of the continental breakfast? とも言います。②「〜のつもりで言う [行う]」(= intend to)。【意図】 What do you *mean* by that?「それはどういう意味ですか」。どんなつもりでそんなことを言うのかなど相手の真意を確かめる時に用います。

【注】　b)　**try**〈動〉①「試みる」(= give it a try): *try* a new bicycle 新しい自転車に乗ってみる。②「試食する; 試飲する」(= have a taste of)。【レストラン】 This is my first chance to *try* sushi.「寿司を食べるのははじめてです」。③「試用する」【買物】 May I *try* this perfume before I get it?「この香水を買う前に試用してもよろしいでしょうか」。cf. try on「試着する」。衣類・帽子・靴などを買物する時によく用います。

　　c)　**lend**〈動〉「貸す」: Please *lend* me a book.「本を貸してください」。Please *lend* a book to me. とも言いますが、代名詞の場合には to を伴います。

　　d)　**borrow**〈動〉「借りる、借用する」(= use; rent)。borrow は「無料で」。移動可能なもの (書物・自転車など) を一時的に借りること、rent は「有料で」移動可能・移動不可なもの (部屋・自動車など) を一定の金額で一定の期間に借りること、use は「無料で」移動不可なもの (電話・便所など) を借りることです。【空港】 I'll have to fill in this entry card. Can I *borrow* your pen? → Sure. Go ahead, please.「この入国カードに記入しなくてはいけません。ペンをお借りできますか」→「はい、どうぞ」

(37)　(37) に入る最も適切な単語を選びなさい。

解 説　秋葉原といえば「電気街」で知られますが、今ではむしろ「アニメ・キャラクターの街」へと変貌し、世界的な人気を博しています。特に会話の本文の後半にある wear an anime (costume) の「着用する」とい

う単語から判断しながら選択肢を選ぶとすれば、今流行する言葉の「コスプレ」(costume play) です。したがって **a**) costume〈名〉「衣装」が正解です。

　「コスプレ」は costume play を語源とする和製英語です。アニメやゲームなどの登場人物のキャラクターに扮する行為を指します。英語表記の cosplay は英国の辞書 (*Concise Oxford English Dictionary*: 2008 年版) に載っている単語です。コスプレを行う人は cosplayer と呼んでいます。コスプレに関する用語として cosplay [fancy dress] party「コスプレショー」、cosplay [costume play] café「コスプレカフェ」などがあります。

【注】　b)　**passport**〈名〉「旅券」。主な旅券には diplomatic *passport*「外交旅券」、official *passport*「公用旅券」、ordinary *passport*「一般旅券」などがあります。

　c)　**visa**〈名〉「査証」。渡航先国の大使館や領事館が発行します。正当な理由と資格がない場合ビザを持っていても入国審査官が入国を認めないこともあり得ます。apply for a *visa* (for China)（中国への）ビザを申請する / get a *visa* (for China)（中国への）ビザをもらう (= obtain a *visa*) / extend a *visa* ビザを延長する / renew a *visa* ビザを更新する。

　d)　**dollar**〈名〉「ドル」(= 100 cents)。米国・カナダ・オセアニアなどの貨幣単位。記号は $ です。U.S. dollar bill「米ドル紙幣」には 7 種類 [$ 1, $ 2, $ 5, $ 10, $ 20, $ 50, $ 100] があります。米国の「ドル札」に関する俗語として、「1 ドル」(a buck; a single)、「5 ドル」(a fin; a fiver)、「100 ドル」(a C-note) などがあります。U.S. dollar coin「米硬貨」には 6 種類：「1 セント」(penny)、「5 セント」(nickel)、「10 セント」(dime)、「25 セント」(quarter)、「50 セント」(half-dollar)、「1 ドル」(silver dollar) があります。

(38)　(38) に入る最も適切な単語を選びなさい。

　解説　海外で買物などで金額を支払う時にクレジットカードまたはトラベラーズチェックなどを利用します。日本国内（本文では秋葉原）の小さな店舗ではドルや小切手などが利用できない場合があります。本文では「ドルや小切手を両替 (exchange) しない」、さらには「～しない」と記載されています。4 つの選択肢の動詞の中で最も適切な単語は、金銭や小切手などを「受け付ける」という意味の動詞 **d**) accept で、正解となります。take または use を用いることもできますが、選択肢にはありません。【掲示】All Major Cards *Accepted*.「主なクレジットカードを受け付けます」（免

税店・土産物店などでの掲示）。⇒【演習 1–B (14)】(p. 27)

【注】　a)　**found**〈動〉「設立する、創立する；基礎を築く」。cf. foundation〈名〉「創設；建設；基金；財団」。founder〈名〉「創立者」。【観光】The monastery was *founded* in the 10th century.「この修道院は10世紀に建てられた」

　　b)　**lie**〈動〉「横になる」[lay; lain: lying]: He *lies* on the bed and watches TV.「彼はベッドに横になってテレビを見る」。cf. lie [lieds; lied: lying]「うそをつく」(= tell a lie) lie〈名〉「うそ」。この単語は相手の人格を否定する強い意味合いがあるのであまり使用しないほうがよいでしょう。You're kidding. あるいは No kidding.「うそでしょう」と言えば無難です。

　　c)　**purchase**〈動〉「購入する」(= buy)。cf.　purchaser「購入者」(= buyer)。【買物】　Souvenirs can be *purchased* at the shop located inside the main lobby.「お土産物はメインロビー内にある店で購入できる」

(39)　(39) に入る最も適切な単語を選びなさい。

| 解説 |　ツアーの場所は人出の多い秋葉原です。文脈 (context) から判断すれば人出が最高潮に達する「日曜日」(Sunday)、しかも「迷子にならないように」(Don't get lost.) という忠告があります。状況から判断すれば観光の当日は混雑する様子が想定されます。選択肢の単語を見ると、**b)** crowded〈形〉「混雑する；満員である」(= jammed) が最も適切な正解となります。*crowded* bus [train]満員バス[列車] / duty-free shop *crowded* with shoppers 買物客で混雑する免税店。【車内】　I'm surprised to find the bus so *crowded*.「バスが非常に混雑していたので驚いた」

【注】　a)　**humid**〈形〉「湿気の多い」: hot and *humid* 蒸し暑い。cf. humidity〈名〉「湿気、湿度」。

　　c)　**vacant**〈形〉①「(部屋が) 空いている」。【表示】　VACANT《1》「空き」(トイレなどの表示) (= unoccupied).　《2》「空車」(タクシーの表示)。vacant room「空き部屋」は利用客が宿泊していない客室のことです。「清掃・整備が完了し、宿泊可能な部屋」は vacant and ready (room) と言います。②「(座席が) 空いている」: *vacant* seat 空席 (= unoccupied seat)。「空席がある」場合 This seat is free. とも表現します。empty (中に一切何もないこと) は用いません。飛行機の場合 There is a seat available on flight 123. とも言います。【車内 / 劇場】　Is this seat *vacant*? → There is nobody in the seat.「この座席には誰もいないです

か」→「この席には誰もいません」(= No one is using it.)。③「(レスト
ランでテーブルが) 空いている」: *vacant* table 空席。【カフェ】 Is there
[Do you have] a *vacant table*?「テーブルは空いていますか」

　d) **occupied** 〈形〉「(座席・場所などが) ふさがっている (= filled)」:
occupied room 利用客が滞在中の部屋 / *occupied* seat ふさがっている座
席 / *occupied* card 占有カード。機内などで座席がすでにふさがっている
ことを示すカードのことです。飛行機の給油などのために乗客が一時機外
に出る時、後ほど搭乗する乗客に示すために用いられます。【表示】 Oc-
cupied「使用中」(浴室・洗面所などの表示)。

(**40**)　(40) に入る最も適切な単語を選びなさい。

　| 解 説 |　会話の文脈では、観光客は秋葉原のアニメツアー (Anime Tour)
で土産物を購入しています。文中の character と関連しそうな内容の用語
は、選択肢の中では **c)** figures〈名〉「フィギュア」が最も適切です。ここ
で言う figure はアニメキャラクターやロボットなどの立体造形物のことで
す。また character はアニメやマンガまた映画や小説などで登場する人物
や動物のことです。figure と style を区別してください。figure は「(人
の) 容姿、スタイル」を指し、「スタイルがよい」と言いたい場合、英語で
は "She has a good *figure*." と言います。"She has a good style." とは
言いません。ちなみに style は衣服や髪などの「型」を指し、「身体」につ
いては用いません。英語では She has the latest style in hairdo.「最新
の髪型をしている」と言います。

【注】　a)　**bowls**〈名〉①「(料理用) ボウル、椀、鉢」: salad *bowl* サラダ
ボウル。②「ボウル [鉢] 1 杯の量 (bowlful)」: two *bowls* of soup スー
プ 2 杯。③「〈米〉(すり鉢型の) 野外円形競技場、スタジアム; 円形劇場
[音楽堂]」。④「〈米〉(シーズン終了後に行う) アメリカンフットボールの
試合 (bowl game)」。

　b)　**outlet**〈名〉①「〈米〉(電気の) 差し込み口; (電気の) コンセント」。
英国では power-point と言います。②「(商品の) 販路、マーケット; (特
定商品の) 代理店; 小売店、特約店、アウトレット」

　d)　**letters**〈名〉①「手紙、書簡」。②「文字」: printed *letter* 活字体 /
letter code 文字の略号。cf. two-letter code「2 文字の略号」(JL [日本
航空 Japan Airlines] など)、three-letter code「3 文字略号」(TKO [東
京]・NRT [成田国際空港] など)、four-letter code「4 文字の略号」
(XBAG [超過手荷物]〈Excess Baggage〉など) があります。

演習問題

《演習 4》

【Part A】　次の資料を読み、(1) から (5) の問いに対する最も適切な答え
を、a)、b)、c) および d) の中から一つ選びなさい。

Vacation Inn

 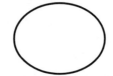

ROOM SERVICE
EXPRESS BREAKFAST

Start your day off with our Express Breakfast!
Make your selections and hang the Express menu
on your room door before 1:00 a.m. the night before.

Breakfast is served from 6:00 a.m. – 11:30 a.m.

Breakfast will be delivered within 15 minutes of the indicated time.

No. of Persons ___2___　　Time Requested ___6 : 00___

Room # ___7 1 2___

Please indicate quantity on the appropriate line.

HEALTHY START $12.50

　Sliced Nut Bread, Fresh Seasonal Fruit,
　Plain Yogurt and Your Choice of
　Orange, Grapefruit, Tomato
　Apple or Cranberry Juice (Circle one)
　Coffee, Decaffeinated Coffee, Tea or Milk (Circle one)

THE 　①　 .... $9.50

　Basket of Bakery Selections with Preserves
　and Your Choice of
　Orange, Grapefruit Juice (Circle one)
　Coffee, Decaffeinated Coffee, Tea or Milk (Circle one)

ALL AMERICAN $13.00

　Two Eggs, Any Style : Scrambled, Sunny-side Up,
　　Over Easy, Poached (Circle one)

_____.

a) free travel on all Japan's rail systems
b) to save money when taking Japan Railway Group trains
c) free rides on all Shinkansen lines
d) to take trains on any private railways lines

(9)　Which statement is TRUE about the JR Pass?

a) A JR Green Pass is less expensive than an ordinary JR Pass.
b) A JR Pass for a child is available at half price of that for an adult.
c) A one-week pass, two-week pass, three-week pass and a one-month pass are available.
d) A JR Green Pass requires an extra charge to travel on JR Kyushu trains.

(10)　Which statement is FALSE about the information on Transportation?

a) 日本ではJRグループ、私鉄を合わせると、一日2万8000本の列車が運行されている。
b) 時速320 kmの新幹線は世界でも最速の列車のひとつで、本州と九州の主要都市を結んでいる。
c) JRパスは日本国内では購入することができないので、出発前に購入しなくてはならない。
d) JRパスを利用するためには自国で引換証を購入して、日本でパスを交換する。

【Part C】　次の会話文を読み、(11) から (15) の問いに対する最も適切な答えを、a)、b)、c) および d) の中から一つ選びなさい。

Passenger　　　:　Can I check in here for American Airline Flight 007 for Narita?
Check-in clerk:　Yes, you can. May I see your passport and airline ticket, please?

Passenger　　　：　Here you are.

Check-in clerk：　Has any unknown person asked you to carry anything on the airplane?

Passenger　　　：　No.

Check-in clerk：　Did you ___(11)___ your bags by yourself?

Passenger　　　：　Yes, I did.

Check-in clerk：　How many pieces of baggage do you have in all?

Passenger　　　：　Just two.

Check-in clerk：　Let me check the ___(12)___ of the big one. Could you put it on this scale, please?

Passenger　　　：　How heavy is mine?

Check-in clerk：　Yours is 18 kilograms. You don't have to worry about it.

Passenger　　　：　That's relief. May I have my ___(13)___ and baggage claim check?

Check-in clerk：　Yes. Here it is. I've attached your baggage claim tags to the cover of your ticket.

Passenger　　　：　Thank you. Is there any delay in the departure time?

Check-in clerk：　Your flight is leaving ___(14)___.

Passenger　　　：　What's the boarding gate?

Check-in clerk：　Gate 12. Please be at the Gate 12 by 18:00.

Passenger　　　：　Is there dinner served on this flight?

Check-in clerk：　Yes. We'll serve dinner one hour after ___(15)___. Have a nice flight.

Passenger　　　：　Thank you.

(11)　Choose the most appropriate word for ___(11)___.

　a) pack　　　b) pull　　　c) lock　　　d) watch

(12)　Choose the most appropriate word for ___(12)___.

　a) height　　　b) length　　　c) width　　　d) weight

(13)　Choose the most appropriate word or phrase for ___(13)___.

  a) medicine　　　　　　　　b) boarding pass

  c) seat number　　　　　　　d) airsickness bag

(14)　Choose the most appropriate phrase for ___(14)___.

  a) on schedule　　　　　　　b) in time

  c) with care　　　　　　　　d) in safety

(15)　Choose the most appropriate word or phrase for ___(15)___.

  a) taking off　　　　　　　　b) stopping off

  c) taxiing　　　　　　　　　d) landing

解答と解説

【Part A】

■解　答■　(1)—b)　(2)—c)　(3)—c)　(4)—a)　(5)—d)

【全訳】　ルームサービス

エクスプレスブレックファースト

当ホテルのエクスプレス・ブレックファーストでお客様の1日を始めましょう。

選択していただいて、エクスプレス・メニューを前夜の午前1時までにお部屋の扉におかけください。

  朝食は午前6時から11時30分までお出しいたします。

  朝食は提示された時間から15分以内にお届けいたします。

  人数　　2　　　希望時間　　6:00　　　部屋番号　　712

  該当する線上に数量をご記入ください。

ヘルシー・スタート・・・・・・・・・・・・・・・・・・・12.5ドル

  薄切りナッツパン、新鮮な季節の果物、

  プレーン・ヨーグルト、そして下記のジュースをお選びください。

  オレンジ・ジュース、グレープフルーツ・ジュース、トマト・ジュース、

  アップル・ジュースまたはクランベリー・ジュース（どれか1つを○で囲んでください）

コーヒー、カフェイン抜きコーヒー、紅茶またはミルク（どれか 1 つを
○で囲んでください）

① ┃コンチネンタル┃ ・・・・・・・・・・・・・・・・・・・9.5 ドル
ジャム付きのパンの盛り合わせ、
そして下記のものをお選びください。
オレンジ・ジュース、グレープフルーツ・ジュース（どちらか 1 つを○
で囲んでください）
コーヒー、カフェイン抜きコーヒー、紅茶またはミルク（どれか 1 つを
○で囲んでください）

オール・アメリカン・・・・・・・・・・・・・・・・・・・ 13 ドル
卵 2 個、お好みの料理法：スクランブル、目玉焼き、
両面焼き、落とし卵（どちらか 1 つを○で囲んでください）
ハム、ベーコン、またはソーセージ（どれか 1 つを○で囲んでください）
オレンジ・ジュース、グレープフルーツ・ジュース（どちらか 1 つを○
で囲んでください）
コーヒー、カフェイン抜きコーヒー、紅茶またはミルク（どれか 1 つを
○で囲んでください）

すべてルームサービスの注文には税金とサービル料が含まれています。

(1)　┃ ① ┃に入る最も適切な単語を選びなさい。

┃解 説┃　本文の内容を見ると 3 種の「朝食」(breakfast) が列挙されてい
ます。文中には正解となる朝食名の解説はなく、むしろレストランの朝食
に関する用語の知識が問われています。HEALTHY START ($12.50)
と ALL AMERICAN ($13.00) に関する料金と飲食物が明記されていま
す。空欄の朝食は $9.50 で一番安価です。しかも飲食物は他と比べて少量
です。HEALTHY START と ALL AMERICAN の飲食物より簡単
です。したがって **b**) CONTINENTAL「コンチネンタル（ヨーロッパ式
朝食）」が正解です。レストランの朝食に関しては下記の形態があります。

●レストランの朝食●
【1】　American Breakfast「アメリカ式朝食（多量の朝食）」卵料
理・肉料理を含む朝食。☆ジュース（オレンジ・トマト・グレプフ
ルーツ等）、パン（トースト・ロール・クロワッサン等）、バター（ま

たはジャム等）、コーヒー（または紅茶等）に加え、卵料理（ハム、ソーセージ、ベーコンなど含む）が含まれます。full breakfast とも言います。

【2】　English Breakfast「イギリス式朝食（たっぷりの朝食）」卵料理・肉料理・魚料理を含む朝食。☆ジュース（オレンジ・トマト・グレープフルーツ等）、卵料理（ハム、ソーセージ、ベーコンなど含む）、ジャム（またはバター）、コーヒー（または紅茶かミルク）が付きます。さらにはシリアル（またはオートミール）また魚料理（ニシンのくん製・スケトウダラのくん製）などが加えられることがあります。full breakfast とも言います。

【3】　Continental Breakfast「コンチネンタル（ヨーロッパ式朝食）（軽い朝食）」卵・肉・魚などの料理を含まない朝食。☆ジュース（オレンジ・トマト等）、コーヒー（または紅茶）、パン（バターまたはジャム付き）程度の簡単な朝食です。イタリア、スペイン、フランスなどのラテン系のホテルに多い朝食です。日本では「コンチ」と略称しています。

【注】　a) EUROPEAN また c) PACIFIC というレストラン用語はありません。☆次の用語には慣れておきましょう。complimentary *breakfast*「無料の朝食」/ impromptu *breakfast*「間に合わせに作った朝食、有り合わせの朝食」

　　d) ENGLISH「イギリス式（朝食）」⇒ 上記を参照。

(2)　このメニューはどこで見つけることができますか。

解説　本文を見ると、Make your selections and hang the Express menu on your room door before 1:00 a.m. the night before.「お選びいただいた後には、前夜の午前1時までにエクスプレス・メニューをお部屋のドアにかけておいてください」と記載されています。このルームサービスのメニューはホテル客室の中に置かれていると想定されます。したがって **c**) In the guest room.「客室の中に（ある）」が正解です。

【注】　a)　On the table at the hotel restaurant.「ホテル内にあるレストランのテーブルの上に（ある）」。資料の表題は ROOM SERVICE です。RESTAURANT ではありません。

　　b)　At the front desk.「フロントに（ある）」。ホテルの受付には

BREAKFAST MENU は置いていません。☆日本ではホテルの正面玄関にある受付を「フロント」（和製英語）と言いますが、英語では the front desk または the reception desk と言います。ホテルによっては Reception, Registration, Room(s) などとも呼ばれています。通常は registration（客室予約受付、宿泊客の登録とカード記入、客室の鍵の受け取りと管理）、information（郵便や伝言の取扱い）、cashier（会計、料金の支払い、両替）に分けられています。英語では front だけでは「建物の正面玄関の入口」の意味です。「フロントで待つ」（wait at the front）言えば「受付」ではなく「正面玄関口で待つ」（wait at the front door［entrance］）と解釈される場合が多いようです。

　d)　At the concierge desk.「コンシェルジュの卓上に（ある）」。concierge（接客係）は顧客に対するサービス関連を提供するスタッフのことです。ホテルのロビーにカウンターを設け、航空会社への連絡や航空券の予約、レストランの案内と手配、観光・観劇の案内や手配、郵便物（手紙・小包）の発送、ハイヤーやタクシーの手配などを取り扱います。朝食の案内はしません。最近、海外の空港やホテルでは electronic concierge（電子コンシェルジュ［スクリーン・タッチ式のミニ・コンピューターを使用した情報提供システム］）が普及しています。また羽田空港では空港案内の人を airport concierge と呼んでいます。

(3)　朝食は712号室にはいつ届けられますか。

解説　本文には、希望時間（Time Requested）が「6時」となっています。しかし解法のポイントはその前文の内容です。Breakfast will be delivered within 15 minutes of the indicated time.「朝食は指定された時間の15分以内にお届けいたします」と記載されています。したがって朝食が部屋に届く時間帯は **c**) Between 6:00 a.m. and 6:15 a.m.「午前6時から6時15分の間」が正解です。

　breakfast「朝食」。冠詞（a, the）を付けません。have［eat］breakfast「朝食をとる」。しかし breakfast の前後に形容詞または形容詞句があって朝食の種類を表す時は不定詞（a）が付きます。have a light［good］breakfast「軽い［十分な］朝食をとる」。また「モーニング・サービス」（和製英語）は英語では breakfast special と言います。午前中に喫茶店などで行うサービスとして提供される、コーヒーにトーストや卵を付けた安価な「朝食セット」のことです。また朝時の海外の空港などでは breakfast special の看板をよく見かけます。【ホテル】　What time is *breakfast*? → Be-

tween six-thirty and nine o'clock.「朝食は何時にいただけますか」
(= When is *breakfast* served? / What time can I have *breakfast*?) →
「6 時 30 分から 9 時までです」

【注】　以下いずれの「時間帯の数字」は本文の内容と合致しません。

a)　At 6:00 a.m. sharp.「午前 6 時ちょうどに」

b)　Between 5:45 a.m. and 6:45 a.m.「午前 5 時 45 分から午前 6 時
45 分の間」

d)　Between 5:45 a.m. and 6:00 a.m.「午前 5 時 45 分から午前 6 時
の間」

(4)　オール・アメリカン朝食の品目が選択されていません。次のうち、ど
の組み合わせが可能ですか。

　　解　説　「オール・アメリカン朝食」(ALL AMERICAN) のメニューを
見ると、他と比べて選ぶものが多くあります。本文の内容と設問の 4 つの
選択肢を照合すると、**a)** Poached eggs, bacon, orange juice and decaf-
feinated coffee. がメニューの組み合わせにすべて含まれているので正解
です。他の選択肢が「正しくない内容」であるとする消去法でチェックす
る解法もあります。

　　☆ juice「ジュース」と coffee「コーヒー」に関する異文化には注意を
要します。日本語では果物・野菜などの「ジュース類」をすべてジュース
と言っていますが、英語の juice は 100% 果汁のことです。100% 天然の
オレンジ・ジュースは orange juice [O.J.]、そうでないオレンジ・ジュー
スは orange drink, orange cordial などと言います。炭酸の入った飲料の
orange pop と区別します。また海外で「アメリカン (コーヒー)」という
単語は通じません。「薄いコーヒー」のことなので英語では mild coffee,
weak coffee と言います。英語の American coffee は「アメリカ製のコー
ヒー」の意味です。

【注】　以下の選択品目は可能ではありません。

　b)　Scrambled eggs, ham, grapefruit juice, coffee <u>and</u> milk.
「コーヒーとミルク」ではなく「コーヒーまたはミルク」(coffee <u>or</u> milk)
の二者択一となります。

　c)　Sunny-side up eggs, bacon, <u>apple juice</u> and tea.「アップル・
ジュース」はメニューには含まれていません。

　d)　Over easy eggs, <u>ham, sausage</u> and coffee.「ハムとソーセージ」
ではなく「ハムまたはソーセージ」(ham <u>or</u> sausage) の二者択一となり

ます。

(5)　エクスプレス・ブレックファーストに関して「正しい記述」はどれですか。

解 説　本文全体を熟読する必要がありますが、特に最後の一文に留意することです。All room service orders include taxes and a service charge.「すべてのルームサービスの注文には税金とサービス料金が含まれています」と記載されています。これはルームサービスの料金に関する内容です。正解は **d**）「料金には税金とサービス料が含まれている」です。

【注】　以下の内容は「正しくない記述」です。

　a）「注文は前日の午後 1 時までである」。本文では「午後 1 時まで」ではなく「午前 1 時まで」（before 1:00 a.m.）です。

　b）「朝レストランで待たされることがない」。レストランではなく「ルームサービス」（ROOM SERVICE）です。

　c）「どのコースでも選べる飲み物の種類は同じである」。本文に記載されている飲み物は同じではなく「異なり」ます。「ヘルシー・スタート」では一番多い種類の飲み物が列挙されています。

【Part B】
■解　答■　(6)—b)　(7)—d)　(8)—b)　(9)—b)　(10)—a)
【全訳】

交通機関

列車

　日本の鉄道網は効率、安全、 快適さ の面では世界の最先端に立っています。日本旅客鉄道（JR）グループは全国的な鉄道網で毎日 2 万 8000 本の列車を運行しています。さらには私鉄路線も多数あります。新幹線網は本州と九州のほとんどの主要都市を結んでいます。最高時速 320 キロ（東北新幹線）の速度で運行しており、世界最速の列車のひとつに数えられています。

JR パス

　ジャパンレールパス（JRP）は海外からの訪日観光客のために設けられた特別割引周遊券です。ジャパンレールパスがあれば、全国の JR グループの路線のほとんどの列車にも自由に 乗車 できます。またジャパンレールパスがあれば、すべての新幹線（「のぞみ号」、「みずほ号」を除く）、特急列車また急行列車に無制限に乗車できます。

　　ジャパンレールパスは日本国内では購入できません、しかも出国［訪日］
前に認可された販売店または代理店で引換証を購入しなくてはいけません。
日本到着後は、ジャパンレールパス引換所のある JR 駅でその引換証を提
出し、ジャパンレールパスを受け取ります。

タイプ	グリーン車		普通車	
期間	大人	子供	大人	子供
7 日	¥ 39,600	¥ 19,800	¥ 29,650	¥ 14,820
14 日	¥ 64,120	¥ 32,060	¥ 47,250	¥ 23,620
21 日	¥ 83,390	¥ 41,690	¥ 60,450	¥ 30,220

JR 北海道、JR 東日本、JR 西日本、JR 九州が発行する地域限定のレール
パスもある。

☆ 2010 年以降は「東京モノレール」(the Tokyo monorail) にも利用で
きるようになっている。

(6)　☐①☐ に入る最も適切な単語を選びなさい。

| 解 説 |　日本の鉄道網が誇る最も大きい特色には、発着時間厳守 (punctu-
ality) などの「効率性」(efficiency) また無事故の新幹線網などの「安全
性」(safety)、さらに選択肢の中から選ぶとすれば車内サービスなどの「快
適さ」(comfort) があります。したがって正解は **b**) comfort です。

　　comfort は旅先でよく用いる観光英語です：*comfort* stop「(バス旅行
の) 休憩停車、トイレ休憩」長距離バス旅行の時、手洗いや食事のために
一時的に休憩することです。rest stop, meal stop, lunch stop などとも
言います / have a ten-minute *comfort stop* 10 分間トイレ休憩をとる /
comfort station（遠まわしに）公衆便所 (= comfortable station; public
lavatory,〈英〉public convenience)。米国では公園などにある「公衆便
所」(= *comfort* facilities) のことです。cf. comfortable は形容詞で ①
「快適な、心地よい」(= pleasant) の意味です：*comfortable* bed 寝心地の
よいベッド。②「気楽な；くつろいだ」（名詞の前には用いない）。(例)
Please make yourself *comfortable*.「どうぞお気楽にしてください」。
Make yourself at home, please. とも言います。

【注】　a)　**facility**「施設、設備；便宜」。通常は複数形で用います：
amusement *facilities* 娯楽施設 (= recreational *facilities*)。

　　c)　**product**「製品；産物」：natural *products* 自然の産物。

　　d)　**amount**　①「総計、総額」。主に「全額」(total amount) につい
て使用します：pay the total *amount* by credit card 総額をクレジット
カードで支払う。②「量、額」：a large［small］*amount* of money 多額
［少額］の金。

(7)　　②　に入る最も適切な単語を選びなさい。

　〔解説〕　本文の該当する文章を読むと、With the JRP, you can freely
(動詞) almost any train on Japan Railways Group lines throughout
the country.「JRP 保持者は全国の JR グループ路線のほとんどの列車に
も (動詞) できるのです」と記載されています。選択肢から選ぶとすれば、
列車と関連する「動詞」は depart (出発する) と board (乗車する) の 2 語
です。しかし depart は自動詞ですので適当ではありません。board は他
動詞ですので目的語 (any train) を伴います。また文脈から判断して最も
適当な単語は正解となる **d**) board という動詞です。

　　board〈動〉「(飛行機に) 搭乗する (= embark on; get on a plane)；
(船内に) 乗船する；(列車・バスなどに) 乗車する」。【交通】　The pas-
sengers are *boarding* the plane［ship / bus / train］.「乗客は搭乗［乗
船 / 乗車］しています」。

【注】　a)　**decide**「決める」(= make a decision)。【買物】　I've *de-
cided* to buy a new dress.「新しい洋服を買うことに決めました」(= I've
decided that I would buy a new dress. / I've *decided* on buying a
new dress.)。【旅行】　We *decided not* to go abroad.「海外へ行かない
と決めた」(= We *decided* that we would *not* go abroad.)

　　b)　**locate**「位置する」。【カフェ】　The cafe is *located* near a sub-
way station.「カフェは地下鉄駅の近くにある」

　　c)　**depart**「(人・乗物が) 出発する」(= leave; start)。【駅舎】　The
next train will *depart* from platform［〈米〉track］5 at 9:00 a.m.「次
の列車は午前 9 時に 5 番線から発車する」

(8)　海外からの訪日観光客はジャパンレールパスを利用することによっ
て＿＿＿＿＿＿＿＿＿＿＿＿．

　〔解説〕　日本に来た外国人観光客がジャパンレールパス (JRP) で列車を
利用する時に受ける恩典は何かという出題です。外国人観光客は日本の物
価高のために足止めさせられています。しかし JRP を使って列車へ乗車
する場合、その料金が割引となり経済的に助かります。また本文には The
Japan Rail Pass is a special discount pass . . .「特別割引周遊券である」

と記載されています。したがって **b**) to save money when taking Japan Railway Group trains「JR グループの列車を利用する場合、金銭を節約することができる」が正解です。

【注】　a)　free travel on all Japan's rail systems「日本の全鉄道網を無制限［自由］に旅行することができる」。すべての鉄道網が「自由」ではありません。制限があります。

　c)　free rides on all Shinkansen lines「全新幹線に無制限に乗車することができる」。すべての新幹線が「無制限」ではありません。東海道・山陽・九州新幹線の「のぞみ号」(except Nozomi)、「みずほ号」は自由席・指定席ともに、JRP では利用できません。利用する場合は運賃および特急料金、グリーン車利用の場合はグリーン料金を別途支払わなければなりません。ちなみに、東北新幹線「はやぶさ号」グランクラスを利用する場合は「特急料金」と「グランクラス料金」の別途支払いが必要です。

　d)　to take trains on any private railway lines「どの私鉄路線にも自由に乗車することができる」。私鉄会社を利用する場合は利用各区間の運賃・料金を支払わなければなりません。

(9)　ジャパンレールパスに関する「正しい記述」はどれですか。

解説　4 つの選択肢を読み、「正しい記述」を直接に選択する方法と「正しくない記述」を除去する消去法がありますが、ここではその両面から検討します。まず最初に気が付くのが「運賃表」です。子供と大人の運賃が異なり、子供が安く設定されています。したがって **b**) A JR Pass for a child is available at half price of that for an adult.「子供用のジャパンレールパスは大人用の半額で入手できる」が正解です。

【注】　消去法で検討すれば、以下すべて「正しくない記述」です。

　a)　A JR Green Pass is less expensive than an ordinary JR Pass.「グリーン車のジャパンレールパスは普通車のジャパンレールパスよりは格安である」。運賃表ではグリーン車は普通車よりは高値です。☆ Green (Car)「グリーン車」(和製英語)。英語では first-class car;〈英〉first-class carriage; special reserved-seat coach などと言います。

　c)　A one-week pass, two-week pass, three-week pass and a one-month pass are available.「1 週間、2 週間、3 週間、1 ヵ月のパスが利用できる」。資料の表示にある「期間」(duration) には 1 ヵ月のジャパンレールパスは記載されていません。

　d)　A JR Green Pass requires an extra charge to travel on JR

Kyushu trains.「グリーン車のジャパンレールパスは JR 九州の列車で旅行する時は追加料金が請求される」。追加料金は不要です。

(10)　交通機関に関する情報について「正しくない記述」はどれですか。

　解説　JRP 案内における交通機関に関する「正しくない情報」を選択肢から選ぶ出題です。資料の本文の内容と照合すれば、a) の 1 日の列車の「運行本数」（28,000 trains daily）は正しいのですが、それは JR グループだけで、私鉄路線（private railway lines）は含まれていません。したがってこの情報は「正しくない」ので、**a)**「日本では JR グループ、私鉄を合わせると、1 日 2 万 8000 本の列車が運行されている」が正解となります。

【注】　以下すべて「正しい情報」です。

　b)　新幹線は時速 320 km（320 km per hour）で走行し、本州と九州を結んでいること。☆ 2011 年鹿児島ルートは博多までの全線が開業。

　c)　JR パスは日本国内では購入できないので、訪日前（before coming to Japan）に入手すること。

　d)　JR パスは自国で引換証（Exchange Order）を購入し、来日後にパスと交換すること。

【Part C】

■解　答■　(11) —a)　(12) —d)　(13) —b)　(14) —a)　(15) -a)

【全訳】

乗客	：　成田行きの AA007 便はここでチェックインできますか。
搭乗手続係員	：　はい、大丈夫です。お客様の旅券と航空券を拝見できますか。
乗客	：　はい、どうぞ。
搭乗手続係員	：　見知らぬ人から何か機内に持ち込むように頼まれましたか。
乗客	：　いいえ。
搭乗手続係員	：　バッグは自分で (11) 荷造りをしましたか。
乗客	：　はい、自分でしました。
搭乗手続係員	：　手荷物は全部でいくつですか。
乗客	：　2 個だけです。
搭乗手続係員	：　大きい荷物の (12) 重量をお調べいたします。このはかりに載せていただけますか。

乗客	：	私の荷物の重さはどれくらいですか。
搭乗手続係員	：	18 キロです。ご心配いりません。
乗客	：	よかった。(13) 搭乗券と手荷物引換券をくださいますか。
搭乗手続係員	：	はい、どうぞ。手荷物引換券はお客さまの航空券の表紙に貼っておきます。
乗客	：	ありがとう。出発時間の遅れはありますか。
搭乗手続係員	：	お客様の便は (14) 予定どおりに出発します。
乗客	：	搭乗ゲートは何番ですか。
搭乗手続係員	：	12 番ゲートです。午後 6 時までには 12 番ゲートに行ってください。
乗客	：	機内では夕食は出ますか。
搭乗手続係員	：	はい、(15) 離陸後 1 時間すれば夕食が出ます。いってらっしゃい。
乗客	：	ありがとう。

(11)　(11) に入る最も適切な単語を選びなさい。

解説　空港で搭乗手続係員はチェックインする乗客に対して「見知らぬ人から何か機内に持ち込むように頼まれましたか」と聞いています。乗客は「誰からも頼まれていません」と返答しています。その後、係員は続けて「自分で手荷物を〜したのか」聞いています。さらに続く会話で乗客は「手荷物は 2 個預ける」と伝えています。この手荷物と関連する最も適切な「動詞」を 4 つの選択肢の中から選ぶ場合、a) pack (荷造りする) です。

　☆下記は米国の空港のチェックインカウンターで必ず質問される「保安上の質問事項」(security question) です。州によってはこの用紙を見せながら質問します。B＝「係員」、A＝「乗客」(返答は人によって異なります)

(1)　B: May I see your passport (or Photo ID)? → A: Here you are.

(2)　B: Has any unknown person asked you to carry anything on the airplane? → A: No. (No one has.)

(3)　B: Have the bags been under your control since you packed them? → A: Yes, they have.

(4)　B: Did you pack your bags (by yourself)? → A: Yes, I did.

(5)　B: How many bags are you checking today? → A: Just one.

(6)　B: Do you have carry-on baggage [luggage]? → A: Yes, I do.//No, I don't.

《和訳》　(1)　B: パスポート（写真入りの身分証明書）を拝見できますか。→ A: はい、どうぞ。

(2)　B: 見知らぬ人から何か機内に持ち込むように頼まれましたか。→ A: いいえ（だれからも頼まれませんでした）。

(3)　B: 荷造りをする時自分で管理しましたか。→ A: はい、自分でしました。

(4)　B: 自分で荷造りをしましたか。→　A: はい、自分でしました。

(5)　B: 今日、預ける荷物はいくつですか。→ A: 1つだけです。

(6)　B: 機内に持ち込む荷物はありますか。→ A: はい、あります。//いいえ、ありません。

【注】　b)　**pull**〈動〉「引く、（引いて）開ける」。反意語は push（押す）。

　c)　**lock**〈動〉①「錠をおろす、鍵をかける」。反意語は unlock（鍵［錠］を開ける）。

　d)　**watch**〈動〉①「じっと見る」。②「気をつける」。③「見張る（= keep an [one's] eye on）」。

(**12**)　(12) に入る最も適切な単語を選びなさい。

　解説　旅客は手荷物を2個持っています。係員から大きな手荷物の重量をはかるために「はかり」（scale）の上に置くように指示されています。したがって **d)** weight「重さ」が正解です。

　weight［wéɪt］［WT］「重量、重さ」は空港などでよく用いられる観光英語です：*weight* allowance 制限重量、許容範囲の重量制限（= *weight* limit）。【空港】　Is my baggage within the *weight allowance*? → It's 18 kilograms. Your baggage is within the *weight allowance*.「私の荷物は制限重量内ですか」（= What's the *weight allowance* for my baggage?）→「18 キロです。重量制限内であるため無料です」。cf. weigh は動詞で「はかる」の意味です。【空港】　How much does this baggage *weigh*?「この荷物の重さはどれくらいですか」（= What's the *weight* of this baggage?）→ Let me *weigh* it. It *weighs* 18 kilograms.「はかってみます。18 キロです」（= It's 18 kilograms in *weight*.）

【注】　a)　**height**①「高さ；高度；身長」。【観光】　What is the *height* of the Tokyo Skytree? → (This tower is) 634 meters in *height*.「東京スカイツリーの高さはいくつですか」（= How high is the TST?）→「タ

ワーの高さは 634 メートル (2,080 ft) です」(= 634 meters high) 634 は Six hundred and thirty–four と読みます。ちなみに 634 という数字は「ムサシ」(武蔵) とかけてあります。かつての「武蔵の国」である東京都・埼玉県・神奈川県東部が一望できるからです。② (heights で)「高原、高台」: Shiga *Heights* 志賀高原 (= Shiga Highlands)

　b)　**length** ①「(距離・寸法などの) 長さ; 縦」。【観光】　What is the *length* of the river? → It's about 90 kilometers long.「その川の長さはどのくらいですか」(= How long is the river?) →「90 キロほどです」。②「(時間の) 長さ」: *length* of (my) stay「(私の) 滞在期間」

　c)　**width**「幅」。【観光】　What is the *width* of this road? → (It is) 10 meters in *width*.「この道路の幅はどれくらいですか」(= How wide is this road?) →「幅 10 メートルです」(= It is 10 meters wide.)

(**13**)　(13) に入る最も適切な語句を選びなさい。

| 解説 |　乗客は旅券 (passport) と航空券 (air ticket) を提示し、手荷物の重量検査 (weight allowance of baggage) など一連の搭乗手続 (check-in) を終え、最後に搭乗手続係員から受け取るものがあります。baggage claim check (手荷物受取証) と boarding pass (搭乗券) です。客によっては手荷物を預けない人もいるので手荷物受取証を受け取らない場合があります。しかしどの客も、「搭乗券」を受け取ります。したがって **b)** board-ing pass が正解です。boarding card; gate pass; embarkation ticket などとも言います。

【注】　a)　**medicine**「薬、常備薬」。特に「内服薬」を指します。

　c)　**seat number**「座席番号」。

　d)　**airsickness bag**「嘔吐袋」(= vomiting bag)。飛行機酔いに用いる袋で airsick bag とも言います。

(**14**)　(14) に入る最も適切な語句を選びなさい。

| 解説 |　乗客は搭乗する飛行機の「出発時間の遅れ」がないかどうかを聞いています。係員は飛行機は遅延なく「予定どおりに」出発すると言っています。したがって **a)** on schedule が正解です。

【注】　b)　**in time**「間に合って」: Will the flight arrive *in time* to catch the connecting flight?「飛行機は接続便に間に合うように到着しますか」

　c)　**with care**「注意深く」(= carefully): I'll handle it *with care* [carefully].「取り扱いには注意します」

　d)　**in safety**「安全に、無事に」(= safely; safe and sound): Please let me know when you have arrived there *in safety* [safely].「無事当地に到着したら知らせてください」

(15)　(15) に入る最も適切な語句を選びなさい。

┌─────┐
│ 解 説 │　乗客は「機内食があるかどうか」を尋ねています。係員は「夕食
└─────┘
は1時間後に出されます」と返答しています。機内で1時間後で出るということは「離陸後」と想定されます。したがって **a**) (after) taking off が正解です。

　special meal「(機内の) 特別食」。機内の食事サービスには「子供用」(child meal)、「菜食主義者用」(vegetarian meal)、「宗教的な理由による特別食」(例: 牛肉 [beef] 抜きのヒンズー教徒用 (a Hindu)、豚肉 [pork] 抜きのイスラム教徒用 (a Muslim)、またユダヤ教徒 (a Jew [Judaist]) のためのコーシャ・ミール (Kosher meal) など)、また「特殊な疾患者用」(例: 糖尿病患者用 (a diabetic)) などの特別食があります。航空券を予約する時または搭乗 24 時間前に注文できます。

【注】　b)　**stopping off** (stop off)「途中降機する、途中下車する」(= stop over)。

　c)　**taxiing** (taxi の進行形: taxiing; taxying)「(飛行機が) 地上 [水上] 滑走する、誘導路を移動する」飛行機が着陸または離陸のために誘導路を滑走移動することです。

　d)　**landing** (land) ①「(飛行機が) 着陸する; 着陸させる」(= disembark, touch down)。反意語は take off (離陸する) です。

第5章　海外・国内の観光と文化の問題

出題傾向

　「海外・国内の観光と文化」に関する問題は、観光英語検定試験の大きな特徴として毎年出題されています。単に「語学上」の問題だけでなく、「海外観光事情」と「国内観光事情」、また「海外文化事情」と「国内文化事情」、さらには国内外での観光・旅行の時に遭遇する「異文化」についての「知識・教養」また「一般常識」の問題です。

◆出題形式

　すべて「四肢択一」の客観問題です。【Part A】「海外観光・文化事情」と　【Part B】「国内観光・文化事情」に関する空所補充の形式です。海外または国内における観光事情や文化事情について説明した英文記事を読み、その記述文の一節（passage）に下線が施されています。その下線部分に入る最も適切なものを指定された4つの選択肢の語句また固有名詞などから選ぶようになっています。

◆出題内容

　最新の出題内容から若干列挙します。「　」は出題例からの重要なキーワードまたは語句であり、正解への大きなヒントになります。［ ］は重要キーワードの英語文です。（ ）はそれに該当する4つの選択肢で、その中から1つを正解として選びます。

【Part A】　海外観光・文化事情

(a)　「観光事情」

・世界遺産の所在地：〈1〉「ボロブドゥル寺院遺跡群［Borobudur Temple Compounds］」(Indonesia; Taiwan; Australia; Tahiti)。〈2〉「クラクフ歴史地区［Cracow's Historic Centre］」(Poland; France; Scotland; Iran)。〈3〉「タージ・マハル［Taj Mahal］」(India; Egypt; Russia; China)。〈4〉「古代都市チチェン・イッツァ［Pre-Hispanic City of Chichen Itza］」(Mexico; Bolivia; Cuba; Canada)。〈5〉「ハロン湾［Ha Long Bay］」(Hawaii; Indonesia; Vietnam; India)

・国名：〈1〉「南米最大の国」(Brazil; Chile; Mexico; Argentina)。

〈2〉「ペナン島を有する国」（Malaysia; India; Australia; Laos）。
〈3〉「首都がオスロの国」（Germany; Spain; Greece; Norway）。
- **首都の所在地**：〈1〉「イタリアの首都」（Rome; Athens; Madrid; Paris）。〈2〉「ベルギーの首都」（Brussels; London; Athens; Rome）
- **主要都市の所在地**：〈1〉「ネバダ州の都市」（Las Vegas; Los Angeles; New York; Chicago）。〈2〉「コート・ダジュールの都市」（Paris; Vienna; Venice; Cannes）。〈3〉「オーストラリア第2の都市」（Melbourne; Hamburg; Oxford; Christchurch）。
- **祭事・イベントの開催地**：〈1〉「2010年の万博」（Shanghai; Beijing; Taipei; Hong Kong）。〈2〉「エジンバラ祭」（Scotland; Spain; France; Holland）。〈3〉「2010年冬季オリンピック」（Vancouver; Seattle; Calgary; Toronto）

(b)　「文化事情」
- **イスラム諸国での異文化**：「禁じられている飲食物」（mutton; beef; alcohol; tap water）
- **海外旅行時の留意事項**：「盗難被害を補償するもの」（availability; ground floor; local contact; travel insurance）

【Part B】　国内観光・文化事情

(a)　「観光事情」
- **世界遺産の所在地**：〈1〉「文化遺産」（法隆寺；姫路城；富士山など）。〈2〉「自然遺産」（屋久島；知床；白神山地など）。
- **山岳・湖・温泉の所在地**：〈1〉「伯耆富士の異名をとる山岳」（大山；阿蘇山；岩木山；石鎚山）。〈2〉「白根山の東麓にある温泉」（鳴子温泉；草津温泉；石和温泉；下呂温泉）。〈3〉「奥入瀬渓流の源流の湖」（阿寒湖；猪苗代湖；田沢湖；十和田湖）。
- **田園都市・城下町の所在地**：〈1〉「遠野」（岩手県；秋田県；宮城県；福島県）。〈2〉「運河地区と錬御殿」（小樽；函館；旭川；富良野）。〈3〉「萩」（山口県；岡山県；高知県；鹿児島県）。
- **景勝地の半島・島の所在地**：〈1〉「下田」（伊豆半島；能登半島；房総半島；大隅半島）。〈2〉「瀬戸内海最大の島」（淡路島；佐渡島；屋久島；壱岐島）。
- **宗派と寺院名**：〈1〉「曹洞宗の大本山」（永平寺；唐招提寺；円覚寺；中尊寺）。〈2〉「鑑真が建立した寺院」（薬師寺；東大寺；唐招提寺）。
- **大仏・祭神の所在地**：〈1〉「高徳院の大仏」（鎌倉；高崎；奈良；牛久）。

〈2〉「縁結びの神大国主命」（出雲大社；伊勢神宮；春日大社；熊野那智大社）。

・**祭事・年中行事の開催地**：〈1〉「御柱祭」（諏訪大社；春日大社；出雲大社；熊野三山 (大社)）。〈2〉「かまくら」（横手市；釜石市；八戸市；酒田市）。

・**特別天然記念物の所在地**：「イリオモテヤマネコ」（与那国 (島)；石垣 (島)；西表 (島)；宮古 (島)）。

(b)　「文化事情」

・**和食の由来・呼称**：〈1〉「幕の内弁当の由来」（歌舞伎；雅楽；寄席；日本舞踊）。〈2〉「油の揚げ物の呼称」（天婦羅；寿司；蒲焼；寄せ鍋）。

・**調理食品の呼称**：〈1〉「大豆・塩・酵母菌の製品」（味噌；豆腐；醤油；味醂）。〈2〉「醤油・砂糖の製品」（佃煮；蒲焼；煮しめ；ふりかけ）。

・**祭りの呼称**：「秋田県男鹿市の祭事」（なまはげ；ねぶた；竿灯；野馬追）。

・**施設の呼称**：「寺院の宿泊施設」（旅籠；宿坊；民宿；寺子屋）。

◎参考図書◎

『日本の観光』（研究社刊、山口百々男著）

『和英：日本の文化・観光・歴史辞典』（三修社刊、山口百々男著）

出題例

──【出題例 5–A】──

次の (41) から (45) までの英文を読み、下線部分に入る最も適切な答えを、a)、b)、c) および d) の中から一つ選びなさい。

(41)　In south Asia ＿＿＿＿ is one of the world's largest countries. And this country has one of the largest populations in the world. For tourists there are many attractions: the music, the spicy food, and of course attractions such as the Taj Mahal and the Ganges River. The main attraction, however, in ＿＿＿＿ is probably the rich and ancient culture with fascinating religious traditions, long history, and variety, including 22 official languages.

  a) Egypt   b) India   c) China   d) Russia

(42)　The capital of Belgium, _____, is a historic city with many beautiful old buildings, especially the Grand-Place. It is also famous for its cafes and fine restaurants. There are about 1,800 restaurants in the city and thousands of cozy small bars serving strong Belgian beer. Don't forget to try the chocolate or the fresh, hot waffles.

  a) London   b) Athens   c) Rome   d) Brussels

(43)　_____ is a young city that has often been named as one of the most livable cities in the world. Close to both mountains and the ocean on Canada's west coast, this city hosted the 2010 Winter Olympics. Among the most famous tourist attractions are Stanley Park and historic Gastown.

  a) Seattle   b) Calgary
  c) Vancouver   d) Toronto

(44)　In many Islamic countries, such as Egypt and Iran, _____ is not widely available outside of hotels and restaurants. Where it is available, you should be careful not to drink too much.

  a) mutton   b) beef   c) alcohol   d) tapwater

(45)　Accidents and thefts do happen while traveling abroad. The best way to protect yourself in the case of lost or stolen bags is to make sure you have good _____. That way, you can receive money if your bag is lost or stolen.

  a) availability   b) ground floor
  c) local contact   d) travel insurance

【出題例 5–B】

次の (46) から (50) までの英文を読み、下線部分に入る最も適切な
答えを、a)、b)、c) および d) の中から一つ選びなさい。

(46)　Hagi in _____ Prefecture is best known for its
nicely preserved former castle town and local pot-
tery, which ranks among Japan's finest. Hagi is also
the hometown of several famous people such as Ito
Hirobumi who became the first prime minister of
Japan.
　a) Okayama　　　　　b) Kagoshima
　c) Yamaguchi　　　　d) Kochi

(47)　_____ is a harbor city, half an hour northwest of
Sapporo by train. Its beautiful canal area and inter-
esting herring mansion make _____ a pleasant
one-day trip from Sapporo or a nice stop en route to
or from the Shakotan Peninsula.
　a) Hakodate　　　　　b) Asahikawa
　c) Furano　　　　　　d) Otaru

(48)　_____ Temple was founded in 1244 by Dogen,
a Zen priest,who brought Zen Buddhism into Japan
from China. This is the head temple of the Soto
sect of Zen Buddhism. It is a place Zen monks
practice, sitting cross-legged in meditation in the
morning and evening.
　a) Toshodai-ji　　　　b) Engaku-ji
　c) Eihei-ji　　　　　 d) Chuson-ji

(49)　*Makunouchi bento* is a popular type of Japanese box
lunch which consists of fish, meat, pickles, eggs and
vegetables along with rice and an *umeboshi*. It was

originally sold in _____ theaters for the audience to eat during intervals.

a) yose
b) Japanese dance
c) kabuki
d) gagaku

(50)　The _____ Festival, held every winter in Oga City, is one of the best-known festival in Akita Prefecture. It is an annual event to scare children into being good. Young people put on scary masks and go around the houses of the villages frightening the children, shouting 'Any crying kids here?'

a) Kanto
b) Namahage
c) Nebuta
d) Nomaoi

解答と解説

【出題例 5–A】

■**解　答**■　(41) −b)　(42) −d)　(43) −c)　(44) −c)　(45) −d)

(**41**)　「インドは南アジアにおける世界最大の国の一つである。また世界で最も人口の多い国の一つでもある。観光客にとっては、音楽や香辛料の効いた食べ物、またタージ・マハルやガンジス川といった名所など、多数の観光の呼び物がある。とりわけ、インドでの主要な呼び物といえば、魅惑的な宗教の伝統そして長い歴史と 22 の公用語のような多様性を有する豊かな古代文化である」

　解説　有名なタージ・マハルを有する「インド」に関する出題です。

　b)　**India**「インド」が正解です。インド共和国（the Republic of India: 通称 India）は南アジアに位置する連邦共和国で、イギリス連邦加盟国です。首都はニューデリー（New Delhi）。中国に次ぐ世界第 2 位の人口（11 億以上）を有し、多種多様な民族、言語（22 言語）、宗教（多くはヒンドゥー教とイスラム教）によって構成されています。紀元前 2600 年頃から前 1800 年頃までの間にインダス川（the Indus）流域にインダス文明が栄え、バラモン（司祭階級制度）を頂点としたカースト制度社会に基づき、今日のインド社会が築かれました。多数のユネスコ世界遺産が登録さ

れ、その代表格にはインド北部アーグラにある総大理石造りの墓廟建築
「タージ・マハル」(Taj Mahal: 1632 年着工、1653 年竣工)、また日本
の仏教美術に多大の影響を及ぼしたインド最古の「アジャンター石窟群」
(Ajanta Caves) などがあります。現在インドは BRICs (ブリックス: 経
済発展が著しいブラジル (Brazil)、ロシア (Russia)、インド (India) そ
して中国 (China) の頭文字を合わせた4ヵ国の総称) の1国として発展途
上にあります。

【注】 a)　**Egypt**「エジプト」。エジプト・アラブ共和国 (the Arab Re-
public of Egypt: 通称 Egypt)。中東・アフリカの共和国。首都はカイロ
(Cairo)。「カイロ歴史地区」(Historic Cairo) をはじめとするユネスコ世
界遺産があります。

　　c)　**China**「中国」。中華人民共和国 (the People's Republic of China:
通称 China)。首都は北京市 (Beijing [Peking])。1949 年に中国共産党
によって建国された社会主義国家です。世界最大の人口 (約13億) を有し、
92% を占める漢族と 55 の少数民族よりなる多民族国家です。「万里の長
城」(the Great Wall) をはじめとする多数のユネスコ世界遺産がありま
す。

　　d)　**Russia**「ロシア」。ロシア連邦 (the Russian Federation: 通称
Russia)。首都はモスクワ (Moscow)。「モスクワのクレムリンと赤の広
場」(Kremlin and Red Square, Moscow) をはじめとするユネスコ世界
遺産が多数あります。

(**42**)　「ベルギーの首都ブリュッセルは、古く美しい建造物が多数立ち並
ぶ由緒ある都市で、とりわけグラン・プラス大広場がある。カフェや素敵
なレストランがあることでもよく知られている。市内には約 1,800 店もの
レストランがあり、アルコールの強いベルギー・ビールを出す数千もの居
心地よい小さな酒場が点在する。チョコレートや作りたての熱々のワッフ
ルを忘れずに試食したい」

　解説　世界で最も美しいと言われるグラン・プラス大広場を有するベル
ギーの首都「ブリュッセル」に関する出題です。

　　d)　**Brussels**「ブリュッセル」が正解です。ベルギー王国 (the King-
dom of Belgium; 通称 Belgium) の首都。欧州有数の世界都市であり、
欧州連合 (EU) の本部をはじめ多国籍企業の本部・支店が多数置かれてい
る政治・経済の中心地です。特に「小パリ」と呼ばれる美しい市街にある
大広場グラン・プラス (La Grand-Place 1998 年にユネスコの世界遺産

に登録）の所在地として非常に有名です。グラン・プラスは、ゴシック様式の塔（96 m）がそびえる市庁舎（the City Hall）、ネオゴシック様式の王の家（the King's House）、古式なギルドハウス（Guildhalls）などの歴史的建造物に囲まれています。

【注】 a)　**London**「ロンドン」。英国（グレートブリテン及び北アイルランド連合王国: the United Kingdom of Great Britain and Northern Ireland）の首都。英国は、イングランド（England）、スコットランド（Scotland）、ウェールズ（Wales）、北アイルランド（Northern Ireland）から構成された立憲君主制国家（a constitutional monarchy）です。

　b)　**Athens**「アテネ」。ギリシャ共和国（the Hellenic Republic: 通称 Greece）の首都。古代ギリシャ時代に強力な都市国家として繁栄し、南ヨーロッパ有数の世界都市です。

　c)　**Rome**「ローマ」。イタリア共和国（the Republic of Italy: 通称 Italy）の首都。当市にはローマ教皇の居住する「バチカン市国」（Vatican City［世界遺産］）があり、全世界のカトリック教徒にとっての総本山です。

(**43**)　「バンクーバーは若い都市で、世界で最も暮らしやすい都市のひとつとよく言われている。カナダ西海岸にあり、山にも海にも近いこの都市は、2010 年の冬季オリンピックの開催地であった。最も有名な観光名所としてスタンレーパークや由緒あるギャスタウンがある」

　解説　2010 年の冬季オリンピックが開催されたカナダの「バンクーバー」に関する出題です。

　c)　**Vancouver**「バンクーバー」が正解です。カナダのブリティッシュコロンビア（British Columbia）州（州都 Victoria）南西部に位置する同州最大の港湾都市です。2010 年第 21 回冬季オリンピックの開催地でよく知られています。1885 年カナダ・パシフィック鉄道の西海岸側の終着駅となり、カナダ太平洋の玄関都市として発展し、1886 年には正式に「バンクーバー市」が生まれました。1888 年に開園したスタンレーパーク（Stanley Park）は、三方が海に囲まれて市民の憩いの場となっています。ギャスタウン（Gastown）は「バンクーバー発祥の地」とも呼ばれる地区で、1971 年には州政府によって史跡に指定された歴史地区として保護されています。

【注】 a)　**Seattle**「シアトル」。アメリカ合衆国（the United States of America）西部ワシントン（Washington）州（州都 Olympia）の都市。1962 年の万国博覧会場跡地のシアトル・センターには当市のシンボルで

ある「スペースニードル」(the Space Needle: 高さ 184 m) のタワーが
そびえています。

　b)　**Calgary**「カルガリー」。カナダ西部アルバータ (Alberta) 州 (州
都 Edmonton) 最大の都市。1988 年カナダ初の冬季オリンピックの開催
地です。

　d)　**Toronto**「トロント」。カナダ最大の都市でオンタリオ (Ontario)
州の州都。オンタリオ湖の北西部に位置し、ニューヨーク、ロサンゼルス、
シカゴに次ぐ 4 番目の北米有数の世界都市です。

(**44**)　「エジプトやイランなどイスラム教の多くの国々では、<u>アルコール</u>
飲料はホテルやレストランの外部ではほとんどの場所で入手することがで
きない。入手できるとしても飲みすぎないように注意すべきである」

　解説　　イスラム教における「飲食物のタブー」に関する出題です。

　c)　**alcohol**「アルコール」が正解です。イスラム教では戒律により飲
酒は禁止されています。特にイスラム教徒が酒に酔って祈祷に従事するこ
とは厳しく禁じられています。アラビア半島では外国観光客が宿泊するホ
テル以外の場所では飲酒は禁止されています。アラブ首長国連邦では非イ
スラム教徒の外国人だけは飲酒が認められています。

【注】　a)　**mutton**「羊肉」。「ラム」(lamb: 生後 1 年未満) は仔羊、「マ
トン」(mutton) はそれ以外の成羊です。ジンギスカン料理として食する
ことがあります。豚肉 (pork) は「不浄である」と考えられ、戒律上禁じ
られています。

　b)　**beef**「牛肉」。ヒンドゥー社会では牛は神聖なものとして食するこ
とを禁止されていましたが、現在では食用とされることもあります。

　d)　**tapwater**「水道水、生水」。戒律上の禁止はありませんが、健康上
の問題 (例: 下痢をする) で飲まないほうがよいこともあります。

(**45**)　「海外旅行中の事故と盗難はつきものである。かばんを紛失したり
盗難にあったりする場合に自分自身を守る最良の方法は、良心的な<u>旅行保
険</u>に必ず加入するよう手配することである。保険に加入しているならば、
かばんを紛失したり盗難にあったりしても、金銭を受け取ることができる」

　解説　　海外旅行時のトラブルに対応する「旅行保険」に関する出題です。

　d)　**travel insurance**「旅行保険」が正解です。海外の旅行先で、自
分自身は万全を期しても、思いがけないトラブルに巻き込まれることがあ
ります。所持品の紛失や盗難だけでなく、旅行中に発生する荷物の破損や
預けた荷物の不着などに遭遇します。

【注】　a)　**availability**「利用できること；入手［利用、使用］可能」: seat *availability* 座席利用、利用できる席数 / check the room *availability* 部屋が利用できるかを調べる。

　b)　**ground floor**〈英〉「1 階」。floor は「(建物の) 階」(= story)。米国のホテルや空港などで level という単語もよく見かけます。米語と英語の表現が違うので注意する必要があります:「1 階」〈米〉the first floor;〈英〉the ground floor /「2 階」〈米〉the second floor;〈英〉the first floor /「3 階」〈米〉the third floor;〈英〉the second floor / the top floor 最上階 (= the uppermost floor)

　c)　**local contact**「現地の連絡先」。local は「(ある地域の) 地方の、その土地の；現地の、地元の」の意味です。日本語で「田舎」のことを「ローカル」と言っていますが、英語の local にはそのような意味はありません。首都 (capital) に対する「地方」は provincial, 都会 (urban) に対する「田舎」は rural と言います。

【出題例 5–B】

■解　答■　(46) —c)　(47) —d)　(48) —c)　(49) —c)　(50) —b)

(46)　「山口県の萩 (市) は、往時の面影がよく保存された城下町と日本で最良の品質に列する地元の陶器 (萩焼) でよく知られている。さらに萩市は日本の初代内閣総理大臣になった伊藤博文など何人かの著名人の出身地でもある」

解説　長州藩 36 万石の城下町と萩焼で知られ、日本の歴史を変えた著名人を輩出した「萩市」に関する出題です。

　c)　**Yamaguchi**「山口 (県)」が正解です。山口県には、秋吉台 (日本最大のカルスト台地) と秋芳洞 (岩手県の龍泉洞と高知県の龍河洞と並ぶ日本三大鍾乳洞の 1 つ)、岩国の錦帯橋 (国の名勝に指定)、萩の萩城趾 (国の史跡に指定) と城下町など観光名所が多数散在します。なかでも県北部の日本海に面した「萩市」は江戸時代に毛利氏が治めた長州藩の本拠地です。幕末には吉田松陰が私塾の松下村塾で伊藤博文や高杉晋作など明治維新の指導者を輩出しました。さらに観光地である萩市一帯には「萩焼」の窯元など伝統工芸に関する施設が点在します。

【注】　a)　**Okayama**「岡山 (県)」。温暖な瀬戸内海を背景に独自の文化圏を形成し、中国・四国地方の交通の要衝として発展しています。本州 (岡山県倉敷市) と四国 (香川県坂出市) を結ぶ「瀬戸大橋」、特別名勝の「後

楽園」、大原美術館など多数の伝統的建造物が倉敷川沿いに並ぶ「倉敷美観
地区」などがあります。「古備前」の作品で知られる備前焼でも有名です。

　b)　**Kagoshima**「鹿児島 (県)」。九州最南端にあり、九州本土 (薩摩
半島・大隅半島を含む) と離島の薩南諸島 (北は種子島から南は与論島まで
の島々) からなります。ユネスコ世界遺産の「屋久島」(屋久杉)、種子島
宇宙センターまた宮崎県との県境に広がる霧島山 (霊峰高千穂峰を含む) な
どが散在します。活火山の桜島など火山が多く、そのため指宿の砂風呂な
ど多数の温泉があります。出水市のツル渡来地 (10月から翌3月まで約1
万羽のツルが越冬する) は国の特別天然記念物に指定されています。

　d)　**Kochi**「高知 (県)」。四国の太平洋に面し、黒潮が近海を流れる土
佐湾周辺では、古来捕鯨が盛んであったが、近年ホエールウォッチング
(Whale Watching) の観光地でよく知られています。自然に恵まれた高知
には日本最後の清流として有名な四万十川や龍河洞 (天然記念物：日本三
大鍾乳洞の1つ) などがあります。自然公園 (1ヵ所の国立公園、3ヵ所の
国定公園、20ヵ所以上の県立公園) の景勝地、なかでも太平洋を望んで立
つ坂本竜馬の銅像のある桂浜は高知を代表する観光名所です。いまでは全
国へと波及した「よさこい祭り」は高知市内を乱舞する一大イベントです。

(47)　「小樽市は札幌の北西、列車で30分ほど行ったところにある港湾都
市である。小樽には美しい運河地域や魅力的な鰊御殿があり、札幌からは
快適な日帰り旅行ができる。また積丹半島の行き来の際、途中下車をする
格好の場所となっている」

　解説　由緒ある鰊御殿とノスタルジックな運河で知られる「小樽」に関
する出題です。

　d)　**Otaru**「小樽」が正解です。石狩湾に面し、港湾都市として発展し
た小樽は、日本有数の観光都市でもあります。「鰊御殿」(herring man-
sion) は北海道の日本海沿岸で隆盛を極めたニシン漁で財をなした網元た
ちが建造した木造住居兼漁業施設 (番屋) の俗称です。1923年 (大正12
年) に埋め立て式運河として完成した「小樽運河」は全国的に知られてい
ます。運河の両側にはレンガや石材造りの重厚な倉庫群が軒を連ね、往時
を偲ばせる景観は小樽を代表する観光スポットです。近隣には「小樽オル
ゴール堂」やガラス工芸品の店舗が立ち並んでいます。

【注】　a)　**Hakodate**「函館」。北海道の南部に位置する国際的な観光都
市です。市内には和洋折衷の建造物が多数点在し、幕末・明治初期からの
エキゾチックな都市景観が見られます。元町・末広町の重要伝統的建造物

群保存地区、五稜郭、トラピスチヌ修道院など観光スポットが点在します。日本三大夜景の一つである函館山からの夜景で有名です。2010 年、世界一の長さを誇っていた「青函トンネル」（全長 53.85 km）はスイスのゴッタルドベーストンネル（全長 57.091 km）に世界一の座を譲りました。

　　b)　**Asahikawa**「旭川」。道内の中央に位置する、札幌市に次ぐ最大の中核都市です。国際会議観光都市に指定されています。国内外からの入園者数が日本一となったことで知られる「旭川市旭山動物園」があり、動物の自然な生態が見られる「行動展示」で有名です。

　　c)　**Furano**「富良野」。北海道の上川地方南部にある都市で、道内の真中にあるため「へその町」で知られています。布部川上流の麓郷の森はテレビの人気ドラマ「北の国から」の舞台ロケ地であり、ラベンダーの花とともに観光名所になっています。かつてアルペンスキー・ワールドカップの開催地で有名になった北海道屈指の規模を誇る名門「富良野スキー場」もあり、最近は海外からの観光客（特にオーストラリア）が急増しています。

(48)「永平寺は、中国から日本に禅宗をもたらした道元禅師によって 1244 年に開山された。永平寺は曹洞宗大本山の寺院である。朝夕に座禅を組んで瞑想に耽る禅僧の修業場である」

　[解 説]　曹洞宗大本山の「永平寺」に関する出題です。

　　c)　**Eihei-ji**「永平寺」が正解です。福井県吉田郡永平寺町にあり、道元禅師（1200–53 年：日本曹洞宗の開祖）が建立した寺院です。總持寺（神奈川県横浜市鶴見区）と並ぶ日本曹洞宗の大本山です。境内には、70 余棟の殿堂楼閣が立ち並んでいます。修行僧は厳しい禅の修行を行っています。参禅を志す者は本山の日課と雲水の日常生活に準じた修行（期間は 3 泊 4 日）をします。

【注】 a)　**Toshodai-ji**「唐招提寺」。奈良県五条町にあり、鑑真（688–763 年：中国・唐出身の帰化僧。日本の律宗の開祖）が 759 年に建立した寺院です。南都六宗の 1 つである律宗の総本山です。奈良時代建立の金堂や講堂など多数の文化財が残存しています。1998 年に「古都奈良の文化財」の一部としてユネスコ世界遺産に登録されています。

　　b)　**Engaku-ji**「円覚寺」。神奈川県鎌倉市にあり、1282 年に鎌倉幕府の第 8 代執権北条時宗（1251–84 年）が開基［建立］し、無学祖元（1226–86 年：中国出身の帰化僧。臨済宗の僧侶）が開山した寺院です。臨済宗円覚寺派の大本山です。鎌倉五山第二位に列せられています。

d)　**Chuson-ji**「中尊寺」。岩手県西磐井郡平泉町にあり、奥州藤原氏三代（清衡・基衡・秀衡）ゆかりの寺としてよく知られています。寺伝によると 850 年に慈覚大師（円仁［794–864 年］）が開山したのが始まりです。しかし実質的には 12 世紀初頭、奥州藤原氏の初代・藤原清衡（1056–1128年）が建立した寺院です。金色堂を始め多数の文化財が現存し、1979 年には国の特別史跡に指定され、2011 年には世界遺産に登録されました。

(**49**)　「幕の内弁当は日本の人気のある弁当の一種で、魚、肉、漬物、卵焼き、野菜が白飯と梅干に添えられています。元来は歌舞伎上演の幕間に観客が食するために販売されたものでした」

|解 説|　幕の内弁当と関連する「歌舞伎」に関する出題です。

c)　**kabuki**「歌舞伎」（a highly-stylized traditional drama［play］with singing and dancing）が正解です。白飯と数種類のおかずを詰め合わせた幕の内弁当は、江戸時代の芝居見物の時、その合間［幕の内］（between curtains: 舞台で幕が下がり、次の場面で幕が上がるまでのこと）に観客が食するものでした。明治以降になってからは駅弁の様式が広まり、20 世紀末にはデパート地下でも多種多様な幕の内弁当が販売されるようになりました。ちなみに「幕の内弁当」には白飯と梅干しに焼き魚、卵焼き、蒲鉾の組み合わせに揚げ物・煮物・漬物などが盛り込まれています。2005年、「歌舞伎」はユネスコ無形文化遺産に登録されました。

【注】　a)　**yose**「寄席」（a traditional Japanese variety theater; a storyteller's hall）。落語、講談、漫才、浪曲などの演芸を見せる興行です。

b)　**Japanese dance**「日本舞踊」（classical Japanese dancing）。主要な要素に旋回運動の「舞」と演劇的表現の強い「踊［振り］」があります。狭義では「歌舞伎舞踊」または「上方舞」があります。

d)　**gagaku**「雅楽」（court music and dance native to Japan in the Heian period）。平安時代からの日本古来の宮廷音楽舞踊です。2009 年にはユネスコ無形文化遺産に登録されました。

(**50**)　「毎年冬に男鹿市で行われるなまはげは、秋田県で一番知られた祭りの一つである。この祭事は子供を怖がらせて懲らしめるために行われる年中行事である。若衆が恐ろしい面をつけて「泣ぐコはいねがー」と大声で叫んで、子供を脅しながら村の家々を巡回する」

|解 説|　秋田県の男鹿半島で行われる「なまはげ」に関する出題です。

b)　**Namahage**「なまはげ」が正解です。秋田県の男鹿市で大晦日（12月 31 日）に行われる伝統的な民俗行事です。鬼の面をつけた若者数人が一

組になって、子供のいる家々を巡回します。怠け者の子供を戒め、子供が親に従うように鼓舞するための行事です。国の重要無形民族文化財に指定され、そして 2018 年、ユネスコ無形文化遺産に登録されました。冬のころ囲炉裏に長くあたっていると手足に「ナモミ」（低温火傷）ができます。それを剥いで怠け者を懲らしめる意味の「ナモミ剥ぎ」から「なまはげ」と呼ぶようになったと言われます。

【注】　以下いずれも国の「重要無形民族文化財」に指定されています。

　a)　**Kanto**「竿燈」。秋田県秋田市で毎年 8 月 3 日から 6 日まで行われる伝統的な民俗行事です。竿燈全体を稲穂に、そして連なる提灯（46 個）を米俵に見立て、五穀豊穣を祈願します。「青森のねぶた祭り」と「仙台の七夕祭り」と並ぶ「東北三大祭り」の一つです。

　c)　**Nebuta**「ねぶた」。青森県青森市で毎年 8 月 2 日から 7 日まで行われる伝統的な民俗行事です。「ねぶた」とは伝説上の人物や動物を表現した飾り人形の山車のことです。邪気を払って先祖の霊を慰める祭事と言われます。

　d)　**Nomaoi**「野馬追」。福島県相馬地方で 7 月に行われる神事と祭事が一体となった祭りです。「甲冑競馬」と「神旗争奪戦」そして最終日の「野馬懸」（神社の境内にある竹の囲いに馬を追い込む行事）があります。

演習問題

《演習 5–A》

次の各国に関する英文を読み、(1) から (5) までの下線部分に入る最も適切な答えを、a)、b)、c) および d) の中から一つ選びなさい。

（1）　_____ is part of the United Kingdom and borders on England to the south. This country has a long and interesting history and many old castles and cathedrals can still be seen. The modern Edinburgh Festival is a major international arts festival, one of the largest in the world, and attracts many tourists.

　a) Spain　　　b) Scotland　　c) France　　　d) Holland

（2）　_____ in southeast Asia is country that has 17,508

islands, including Bali, Java and Sumatra. It has a large, mostly Muslim, populations. Tourists enjoy the rich cultural traditions, the spicy food, and the beautiful beaches.

a) Taiwan　　b) Australia　c) Tahiti　　d) Indonesia

(3)　＿＿＿＿＿, near the United States, is famous for its good weather and great food. Though it is especially popular because of its great beaches, the country also has a long and interesting history. The Mayan ruins, including pyramids such as the ones at Chichen-Itza, are well worth visiting.

a) Canada　　b) Cuba　　　c) Mexico　　d) Bolivia

(4)　In case of an accident in a foreign country, you may have to pay for more than your stay in a hospital. Tourists who are taken to hospital are often charged large fees to be taken there by ＿＿＿＿＿.

a) appetite　　　　　　b) ambulance
c) aperitif　　　　　　d) allergy

(5)　On airplanes, a reserved ticket guarantees you a seat. In case you do not want to fix your return date, you can get a/an ＿＿＿＿＿ ticket which does not specify flight numbers, dates or times. However you must make necessary arrangements at a later date.

a) circular　　b) free　　　c) open　　　d) through

《演習 5−B》

次の (6) から (10) までの英文を読み、下線部分に入る最も適切な答えを、a)、b)、c) および d) の中から一つ選びなさい。

(6)　Located in the eastern foothills of Mt. Shirane, ＿＿＿＿＿＿ Onsen is a leading hot-spring resort with a long history. It is famous for *Yubatake*, a hot-spring-water field, which is full of steam from the boiling water coming out of the earth. It is also a base for skiing and climbing in the Shiga Highlands and Mt. Asama.

a) Isawa　　　b) Naruko　　　c) Gero　　　d) Kusatsu

(7)　One of the major attractions of _____ is the bronze statue of Great Buddha located at Kotoku-in Temple, which is a national treasure. This huge statue standing 11.3 meters high, made in the 13th century, sits cross-legged in the open air and is regarded as a symbol of _____ .

a) Kamakura　b) Nara　　　c) Takasaki　d) Ushiku

(8)　_____ , the highest peak in the Chugoku district, is nicknamed 'Hoki-Fuji' because of its resemblance to Mt. Fuji when you see from distance. This mountain is popular among campers, hikers and skiers.

a) Mt. Daisen　　　　　　b) Mt. Aso
c) Mt. Iwaki　　　　　　　d) Mt. Ishizuchi

(9)　The Lodging at temples is called _____ . It originally began in the Heian period as a lodging for worshippers at temples. It is similar to traditional Japanese inns, and anyone can stay regardless of his or her religion. In temples, you can join in Zen meditation. Also, in some _____ , *shojin-ryori* (a vegetarian meal for monks) is served.

a) *minshuku*　b) *shukubo*　c) *hatago*　　d) *terakoya*

(10)　_____ is small seafood, meat or seaweed　made by boiling with soy sauce and sugar. It is preservable and has been favored as a storable side dish in Japanese kitchens since the Edo period.

a) *Kabayaki*　b) *Nishime*　　c) *Tsukudani*　d) *Furikake*

解答と解説

〈演習 5–A〉

■解　答■　(1) —b)　(2) —d)　(3) —c)　(4) —b)　(5) —c)

(1)　「スコットランドは連合王国（英国）の一部であり、南でイングランドと隣接している。この国には長くて興味あふれる歴史があり、多数の古城や大聖堂を現在も見ることができる。現代のエディンバラ・フェスティバルは世界最大の国際芸術祭の一つであり、大勢の観光客を魅了している」

解説　連合王国の一部、首都エディンバラ (Edinburgh) を有する「スコットランド」に関する出題です。

b)　**Scotland**「スコットランド」が正解です。英国の正式名称は the United Kingdom of Great Britain and Northern Ireland（グレートブリテン及び北アイルランド連合王国）です。イングランド (England)、スコットランド (Scotland)、ウェールズ (Wales)、北アイルランド (Northern Ireland) から構成されています。グレートブリテン島の北部にあるスコットランドには、当地最大の淡水湖でネッシーで有名なネス湖 (Loch Ness) があり、またスカート状民族伝統衣装であるタータン柄 (tartan) のキルト (kilt) の発祥地でもあります。「エディンバラの旧市街と新市街」(Old and New Towns of Edinburgh) にある美しい街並はユネスコの世界遺産に登録されています。1947 年に始まったエディンバラ・フェスティバルは芸術と文化の祭典です。古典・現代の演劇、オペラやクラシック音楽やバレエなどの公演が行われ、また市内各所は多数の大道芸人で賑わいます。

【注】　a)　**Spain**「スペイン」。正式名称は the Spanish State. 首都はマドリード (Madrid)。「コルドバの歴史地区」(Historic Centre of Cordoba) や「古都トレド」(Historic City of Toledo) など多数のユネスコ世界遺産があるヨーロッパを代表する観光立国です。

c)　**France**「フランス」。フランス共和国 (the French Republic)。首都はパリ (Paris) です。ファッションと芸術の都パリだけでなく各地方における郷土料理の食文化は観光客を魅了します。「モン・サン・ミシェルとその湾」(Mont-Saint-Michel and its Bay) など多数のユネスコ世界遺産があり、ヨーロッパを代表する観光名所の宝庫です。

　d)　**Holland**「オランダ」。正式名称は the Kingdom of the Nether-lands. 通称 the Netherlands. 俗称 Holland（スペインの支配に対して起こした八十年戦争で重要な役割を果たしたホラント州（Holland）の名に由来します）です。固有名詞のため冠詞は付きません。首都は憲法上はアムステルダム（Amsterdam）、しかし政治の中心は国会の所在地であるデン・ハーグ（the Hague）です。チューリップやチーズで有名な観光立国で、「キンデルダイク・エルスハウトの風車群」（Mill Network at Kinderdijk-Elshout）などのユネスコ世界遺産があります。

(2)　「東南アジアにおける<u>インドネシア</u>の国には、バリ、ジャワ、スマトラを含む1万7508の島々がある。ほとんどがイスラム教徒という大きな人口を有している。観光客は豊かな文化的伝統、香辛料の効いた料理、そして風光明媚なビーチを満喫している」

　　| 解説 |　東南アジアにあり世界有数の観光地バリ島を有する「インドネシア」に関する出題です。

　d)　**Indonesia**「インドネシア」が正解です。正式名称は「インドネシア共和国」（the Republic of Indonesia）です。東南アジア南部にある共和制国家。首都はジャカルタ（Jakarta）。世界最多の島々（大小約1万8000）を抱える群島国家で、世界最大のイスラム教徒の人口（1億7000万人以上［76.5％］）を有する国です。観光地で世界的に有名な「バリ島」（住民の大半はヒンドゥー教徒）、首都ジャカルタの所在地である「ジャワ島」、石油の天然資源が豊富な「スマトラ島」（2004年、スマトラ島沖地震とその津波で10万人以上の死亡者を出しました）などが点在します。世界最大の仏教遺跡である「ボロブドゥル寺院遺跡群」（Borobudur Temple Compounds）などのユネスコ世界遺産があります。

【注】　a)　**Taiwan**「台湾」。正式名称は「中華民国」（the Republic of China）です。旧称 Formosa（美麗島）。首都は台北市（Taipei City）。現在も中華民国と中華人民共和国（the People's Republic of China）の間で「2つの中国」問題があります。ユネスコ世界遺産は皆無ですが、その候補のひとつである大理石の岩盤が連なる「太魯閣［タロコ］渓谷」は絶景です。

　b)　**Australia**「オーストラリア」。正式名称は「オーストラリア連邦」（the Commonwealth of Australia）です。オセアニア（Oceania）に位置する連邦立憲君主制国家です。世界最大のサンゴ礁地帯の「グレート・バリア・リーフ」（Great Barrier Reef）また「タスマニア原生地域」（Tasmanian Wilderness) など多数のユネスコ世界遺産があります。

　　c)　**Tahiti**「タヒチ」。南太平洋フランス領ポリネシア (French Poly-nesia) に属するソシエテ諸島 (the Society Islands) にある島です。最大都市はパペーテ (Papeete)。類い稀な自然の景観と抜けるような青空、世界中から究極のバカンスを求めて人々が集まる地上最後の楽園です。

(3)　「アメリカ合衆国に隣接するメキシコは、温暖な気候と美味な食べ物でよく知られている。特にすばらしいビーチがあるためその人気は絶えることがない。この国は長くて興味深い歴史をも有している。チチェン・イッツァのピラミッドのようなマヤ文明の遺跡は必見の価値がある」

　解説　チチェン・イッツァなどのマヤ文明の遺跡を有する「メキシコ」に関する出題です。

　　c)　**Mexico**「メキシコ」が正解です。正式名称は「メキシコ合衆国」 (the United Mexican States) です。北アメリカ南部に位置するラテンアメリカの連邦共和国です。首都は「メキシコシティ」(Mexico City)。非常に温暖な気候のため沿岸部では世界的に有名なビーチリゾートが点在します。カリブ海沿岸のカンクン (Cancun) や太平洋沿岸のアカプルコ (Acapulco) などがあります。多数の世界遺産に恵まれ、中でも「古代都市チチェン・イッツァ」(Pre-Hispanic City of Chichen-Itza) はユカタン半島にあるマヤの都市遺跡の中で最大規模を誇り、ピラミッドや天文台などが残っています。

【注】　a)　**Canada**「カナダ」。北アメリカ大陸北部に位置する連邦立憲君主制国家です。首都はオタワ (Ottawa)。4つの国立公園を有する広大な「カナディアン・ロッキー山脈自然公園群」(Canadian Rocky Mountain Parks) をはじめ多数の世界遺産があります。

　　b)　**Cuba**「キューバ」。正式名称は「キューバ共和国」(the Republic of Cuba) です。カリブ海 (the Caribbean Sea) の大アンティル諸島 (the Greater Antilles) にあるラテンアメリカの共和制国家です。首都はハバナ (Habana)。「ハバナ旧市街とその要塞群」(Old Havana and its Fortifications) などの世界遺産があります。

　　d)　**Bolivia**「ボリビア」。正式名称は「ボリビア多民族国」(the Plurinational State of Bolivia) です。南アメリカの共和制国家です。首都は憲法上はスクレ (Sucre)、事実上［議会を含む政府主要機関］はラパス (La Paz)。「古都スクレ」(Historic City of Sucre) などのユネスコ世界遺産があります。

(4)　「外国で事故に遭遇する場合、入院費以上に支払いの義務を課されることがある。病院へ<u>救急車</u>で搬送される旅行者は往々にして多額の料金が請求される」

　[解説]　海外旅行中に負傷して搬送される「救急車」に関する出題です。

　b)　**ambulance**「救急車」が正解です。海外旅行の際に負傷し病院で診察してもらう時、またはホテルなどで急病になって医者に診察してもらう時、「海外旅行保険」に加入していない場合は多額の費用がかかります。overseas travel accident insurance (海外旅行傷害保険) に加入していれば帰国後に補償されます。

【注】　a)　**appetite**「食欲」: have a good *appetite* 食欲がある。反意語は have no *appetite* です。【レストラン】 I hope you have a good *appetite*.「どうぞ召し上がってください」（日英語の表現には要注意）

　c)　**aperitif**（複数形は〜s）「〈仏〉アペリチフ、食前酒」(= pre-dinner aperitif)。反意語は digestif (食後酒) です。元来食欲を増進させるために用いられた薬草入りの酒のことです。

　d)　**allergy**「アレルギー、異常過敏症」。免疫反応が特定の抗原に対して過剰に起こることをいいます。機内で病気になった乗客に対して、またはホテルで病気になった宿泊者に対して薬を渡す時、アレルギー体質かどうかを聞くことがあります。

(5)　「飛行機に乗る場合、予約チケットがあれば座席が保証される。帰国日を決めたくない場合、飛行機の便番号、期日または時間などを指定しない<u>オープン・チケット</u>を入手することができる。しかし後日の手配が必要である」

　[解説]　有効期間が発行日から1年間保証される「航空券」の呼称に関する出題です。

　c)　**open**「オープン（・チケット）」が正解です。open ticket「未決定チケット」は航空券で、帰りの期日の指定がない、または特定の利用便を指定していない往復チケットのことです。「出発月日・便名の記載のない未予約航空券。有効期間は発行日から1年間である。搭乗する便が決まり、予約が取れると航空券にその便名を記入したステッカーを貼る。その場合は、旅行開始日からさらに1年間有効になる」（国際観光用語集・日本国際観光学会編より抜粋）

【注】　a)　**circular**「周遊の」: *circular* ticket [tour]〈英〉周遊券 [旅行]。

b)　**free**「無料の」: *free* ticket (for transportation)（交通機関用の）無料チケット。

c)　**through**「（切符など）通しの、直通の」（名詞の前に用いる）: *through* ticket (to New York)（ニューヨークまでの）通し切符。

〈演習 5–B〉

■解　答■　(6) —d)　(7) —a)　(8) —a)　(9) —b)　(10) —c)

(6)　「白根山の東麓にある草津温泉は、長い歴史を有する主要な温泉リゾートである。地中から湧き出る熱湯の蒸気溢れる湯畑［湯場］があることでよく知られている。当地は志賀高原や浅間山でのスキーまた登山の基地でもある」

解説　兵庫県の有馬温泉、岐阜県の下呂温泉と並ぶ日本三名泉の一つである「草津温泉」に関する出題です。

d)　**Kusatsu**「草津（温泉）」が正解です。群馬県吾妻郡草津町にある由緒ある温泉です。草津温泉が湯治場として史料に記述されたのは室町時代後期です。温泉街の中心部には湯の源泉である「湯畑」があり、湯が滝のように湧き出ています。

highland〈名〉「高地、高原（= heights）；山地、台地」。反意語はlowland（低地）です。highland に関する多様な類語と和訳があります。(1)「〜高原」[-kogen] highland; heights:「那須高原」(the) Nasu(kogen) Highland; the Highland of Nasu. (2)「〜平」[-daira] plateau:「室堂平」(the) Murodo(daira) Plateau. (3)「〜平」[-tai] highland:「八幡平」(the) Hachimantai Highland. (4)「〜台地」[-daichi] tableland:「秋吉台（石灰岩）台地」Akiyoshi(dai) (Limestone) Tableland.

【注】a)　**Isawa**「石和（温泉）」。山梨県笛吹市（旧東八代郡石和町）にある温泉です。1961 年にブドウ果樹園の中から突如湧き出た温泉で、青空温泉とも呼ばれています。熱海（温泉）に次ぐとも言われる大規模な温泉街です。

b)　**Naruko**「鳴子（温泉）」。宮城県大崎市にある温泉です。福島県の飯坂温泉、宮城県の秋保温泉と並ぶ「奥州三名湯」の一つです。837 年に起きた鳥谷ヶ森の噴火で湧き出た古湯です。名産の鳴子こけしで有名な温泉地でもあります。

c)　**Gero**「下呂（温泉）」。岐阜県下呂市にある温泉です。1265 年頃現

在の温泉地である飛驒川 [益田川] の河原から湧き出たのが始まりです。河原には下呂温泉のシンボルである噴泉池という露天風呂があります。

(7)　「高徳院にある国宝の青銅の大仏は鎌倉の見所の一つである。13 世紀に作られた 11.3 メートルの巨大な仏像は野外に足を組んで座しており、鎌倉のシンボルである」

| 解 説 | 高徳院の大仏で知られる「鎌倉」に関する出題です。

　a)　**Kamakura**「鎌倉」が正解です。通称「鎌倉大仏」が鎮座する高徳院は、神奈川県鎌倉市長谷にある浄土宗の寺院です。2004 年には「鎌倉大仏殿跡」の名称で国の史跡に指定されました。最初の鎌倉大仏 (阿弥陀如来坐像) は木造で、現在の青銅のものは 1252 年 (建長 4 年) に造立が開始されたと言われています。大仏は元は大仏殿の中に安置されていましたが、大仏殿は室町時代に天災により倒壊し、江戸時代に現在の露坐の大仏が復興されました。

【注】　b)　**Nara**「奈良」。奈良の「大仏」(東大寺盧舎那仏像 [国宝] 高さ 14.7 m) は、奈良県奈良市にある東大寺大仏殿 (金堂) の本尊です。聖武天皇の発願により 745 年 (天平 17 年) に造像開始、749 年 (天平勝宝元年) に完成、752 年 (天平勝宝 4 年) に開眼供養会が行われました。1180 年と 1567 年の 2 回焼失しますが、その都度再興されました。

　c)　**Takasaki**「高崎」。高崎 白 衣大観音は通称「高崎観音」(高さ 41.8 m)、群馬県高崎市の高崎観音山の丘陵にある大観音像です。高野山真言宗慈眼院の境内にあります。1936 年建立・開眼供養され、2000 年には国の有形文化財に登録されました。

　d)　**Ushiku**「牛久」。「牛久大仏」(正式名称は牛久阿弥陀大佛) は、茨城県牛久市にある青銅製大仏立像 (全高 120 m) です。1992 年に浄土真宗東本願寺派の霊園内に造られました。世界最大の青銅製立像 (bronze standing statue) として、ギネスブックに登録されています。

(8)　「大山は中国地方の最高峰であり、遠くから見ると富士山に似ていることから「伯耆富士」と呼ばれている。この山はキャンプやハイキングを楽しむ人またスキーをする人にとって人気がある」

| 解 説 | 大山隠岐国立公園の主要観光地である「大山」に関する出題です。

　a)　**Mt. Daisen**「大山」が正解です。鳥取県にある山岳 (標高 1,709 m) です。西の方角 (米子市) から見る山容は富士山に似ているので「伯耆富士」また「出雲富士」の異名があります。国の特別天然記念物であるダイセンキャラボク (伽羅木) の日本一の群生地であり、また西日本一の

ブナの原生林があります。広大な裾野にはキャンプ場やスキー場があり、四季を通じてのリゾート地となっています。

【注】「大山」を含め、以下すべて「日本百名山」に指定されています。

　b)　**Mt. Aso**「阿蘇山」。熊本県阿蘇地方に位置する活火山です。世界有数の大型カルデラと雄大な外輪山があります。正式名称は「阿蘇五岳」で、最高峰の高岳（標高1,592 m）をはじめ、口噴火口のある中岳（1,506 m）、根子岳（1,408 m）、烏帽子岳（1,337 m）、杵島岳（1,270 m）の山々が連なっています。阿蘇くじゅう国立公園に指定されています。

　c)　**Mt. Iwaki**「岩木山」。青森県にある成層火山（標高1,625 m）です。円錐形の山容から「津軽富士」の異名があります。山域は津軽国定公園に指定されています。

　d)　**Mt. Ishizuchi**「石鎚山」。愛媛県にある山で、四国最高峰（標高1,982 m）です。奈良時代から山岳信仰の山として知られ、日本七霊山のひとつです。石鎚国定公園に指定されています。

(9)　「仏教寺院の宿泊施設のことを宿坊と呼んでいる。元来は参詣者のための宿泊施設として平安時代に始まった。伝統的な日本旅館に類似しており、宗派を超えてだれもが宿泊することができる。寺院では坐禅（禅の瞑想）に参加することができる。さらには宿坊によっては精進料理（僧侶用の菜食料理）を賞味することができる」

【解説】　仏教寺院に参詣した人の宿泊する建物である「宿坊」に関する出題です。

　b)　*shukubo*「宿坊」(temple accommodations [lodges] established for pilgrims) が正解です。「僧房」とも言います。本来は僧侶のみが宿泊する施設ですが、平安時代から寺社参詣が普及し、特に江戸時代には貴族や武士さらには一般参詣者・巡礼者が宿泊するための施設が寺院に設けられました。四国八十八箇所の寺院また高野山などには多数の宿坊があります。安価な料金で宿泊しながら精進料理が賞味でき、坐禅が体験できます。

【注】　a)　*minshuku*「民宿」(Japanese-style tourist home [B&B])。主として民間が運営する、小規模な和式の宿泊施設です。通常は家族単位で観光やレジャーに利用されます。

　c)　*hatago*「旅籠」(lodgings for travelers at post stations (*shukuba*) during the Edo period)。江戸時代、宿場で旅人を食事付きで宿泊させた宿屋のことです。

　d)　***terakoya***「寺小屋」(temple [private] school of the Edo period)。江戸時代、庶民の子弟に読み書きそろばん、また実務上の知識・技能を教育した民間の教育施設です。江戸では「手習指南所」とも呼ばれていました。

(10)　「佃煮は醤油と砂糖で甘辛く煮た海産物や肉、海藻類である。保存がきくため江戸時代以降は和式の台所に貯蔵できる付け合わせ調理食品として賞味されてきた」

　解説　伝統的な日本固有の食べ物として賞味される「佃煮」に関する出題です。

　c)　***Tsukudani***「佃煮」(preserved foods boiled down in a mixture of *shoyu* [bean sauce], sugar and other flavorings) が正解です。佃煮は、江戸時代、(東京都中央区) 佃島で製造され始めた東京の地場名産品です。漁民は幕府・大名に納めた残りの魚を醤油・砂糖で甘辛く煮詰めて御飯のおかずにしていたのです。海産物、とりわけ小魚、アサリなどの貝類、昆布などの海藻類などがあります。

【注】　a)　***Kabayaki***「蒲焼」(broiled [grilled] fish [eel] ; fish [eel] split and broiled over a charcoal fire after being dipped in thick sweetened barbecue soy sauce)。魚 [鰻] を開いて骨を取り除き、醤油、砂糖、味醂などを混ぜ合わせたタレをつけて焼いた料理です。

　b)　***Nishime***「煮しめ」(vegetables and meat [fish] boiled hard with *shoyu* [soy sauce] and *mirin* [sweetened *sake*])。煮汁が残らないように十分に時間をかけてじっくりと煮る料理を「煮しめる」と言います。転じて「煮しめ」と呼ばれるようになったものです。煮しめにされる具材 (根菜類・肉類・水産練物など) は地域によって多種多様です。

　d)　***Furikake***「ふりかけ」(seasoned dried condiments [flaked seasonings] for sprinkling over steamed rice)。炊いた御飯にふりかける調味料的な副食物 (粉末状・粒子状・そぼろ状など) のことです。大正時代から昭和初期にかけて普及し、熊本県で作られた「御飯の友」という商品が元祖と言われています。

第2部　リスニング試験

第6章　写真説明の問題

　提示された「写真」を見ながら英語の説明文を聴き、写真の状況を最も的確に表した文を選ぶ問題です。観光英語検定試験が実施されて以来毎年出題されています。

◆主題の形式

(1)　1枚の写真に関して a)、b)、c) および d) の4つの説明文があります。

(2)　説明文は、ネイティブスピーカーによって2回放送されます。

(3)　写真の内容を最も適切に説明している選択肢を1つ選びます。

◆出題の内容

　最近の試験で提示された「写真」の内容をジャンル別に分けると下記のようになります。

(1)	エアライン	空港でのチェックイン、滑走路での離発着
(2)	ホテル	ダブルベッドの部屋、フロントでのチェックイン、ベルキャプテンのデスク、荷物の集配
(3)	レストラン	レストランの看板、ケーキの販売店、皿に盛られた食べ物
(4)	ショッピング	路上での買い物
(5)	交通機関	駅構内にある発着時間の掲示板、道路標識
(6)	通信・銀行	郵便ポストでの投函
(7)	娯楽・レジャー	楽団の演奏光景、劇場の看板
(8)	病気・医薬	病院での予約
(9)	海外観光・文化	衛兵交代の儀式、城の観光、エジプトのピラミッド、牧場の風景
(10)	日本観光・文化	浅草寺の雷門、京都の清水寺、広島の原爆ドーム、沖縄の守礼門、神社の鳥居、いろり、餅つき

出 題 例

──【出題例 6】──

　次の各写真に関する 4 つの説明文を聴いて、それぞれの状況を最も
的確に表しているものを a)、b)、c) および d) の中から一つずつ選
びなさい。説明文はすべて 2 回放送されます。

(51)

(52)

(53)

(54)

(55)

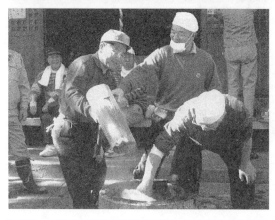

解答と解説

【出題例 6】
［放送の内容］

(51)　a) The last show ends at 5 o'clock in the morning.
　　　 b) The first show starts at 12:13.
　　　 c) The show plays three times a day.
　　　 d) There is no show playing in the afternoon.

(52)　a) A woman is dropping a postcard into the post.
　　　 b) A postman is collecting letters from the posting box.
　　　 c) There are actually three different boxes.
　　　 d) A man is waving his hand over the counter.

(53)　a) People are outside the airport building.
　　　 b) People are getting in a car in front of the station.
　　　 c) The parking lot of the theater is full of cars.
　　　 d) The traffic is very heavy on the highway.

(54)　a) People are looking at pictures on the wall.
　　　 b) A man is trying to climb over the wall.
　　　 c) The entrance of the building is full of people.
　　　 d) Some people are sitting on the benches along the wall.

(55)　a) People are baking rice crackers outside.
　　　 b) People are enjoying the taste of steamed rice.
　　　 c) People are pounding rice with traditional tools.
　　　 d) People are dancing in the hope of a good harvest.

■解　答■　(51)–c)　　(52)–c)　　(53)–a)　　(54)–d)　　(55)–c)

解説

(**51**)　正解は **c)**「ショー (the show) は 1 日 3 回上演される」です。最初は 12 時 30 分、次回は 2 時 15 分、そして最終は 5 時の 3 回です。three times a day (1 日につき 3 回) の部分の聴解がポイントです。

　a)　「最終のショーは午前 5 時に終了します」。ショーは午後であって、午前ではないのです。

　b)　「最初のショーは 12 時 13 分に開始します」。最初のショーは 12 時 30 分です。「13 (thirteen) と 30 (thirty)」の区別の聴解がポイントです。

　d)　「午後に上演されるショーはありません」。ショーはすべて午後(12 時 30 分 / 2 時 15 分 / 5 時)に上演されます。

(52)　正解は **c**)「実際には 3 つの別の箱がある」です。女性の前に郵便ポスト (posting box) の投函口が 3 つ見えます。three different boxes の部分の聴解がポイントです。

　a)　「1 人の女性がはがきをポストに投函しています」。女性は手にはがきを持っていません。postcard「はがき、絵はがき (picture postcard)」。単に card とも言います。cf. postal card は「官製はがき」の意味です。

　b)　「1 人の郵便集配人がポストから手紙を集めています」。郵便配達人は見当たりません。postman「郵便集配人、郵便配達人」(=〈米〉mailman)。posting box「郵便ポスト」。英和辞書には通常〈英〉postbox と〈米〉mailbox の単語が記載されています。

　d)　「1 人の男性がカウンター越しに手を振っています」。男性は手を振っていません。wave〈動〉「(手・旗などを)振る」: She waved her hand at me.「彼女は僕に手を振りました」。

(53)　正解は **a**)「人々は空港ビルの外にいます」です。Air Pacific「エア・パシフィック航空」、また QANTAS (カンタス航空)などの標識が写っていることから空港ビルだとわかります。airport building の部分の聴解がポイントです。

　b)　「人々は駅前で車に乗りこもうとしています」。上述のように、ここは駅前 (in front of the station) ではありません。get in「(タクシー・乗用車などの小型車に)乗る」。cf. get on「(飛行機・列車など大きな乗物に)乗る」。

　c)　「劇場の駐車場は満車です」。劇場 (theater) ではないので間違いです。parking lot「駐車場」(=〈英〉car park)。

　d)　「ハイウェーでは交通渋滞です」。道路の光景ではありません。traffic「交通、交通量」。heavy「(交通が)大量である、激しい」。highway「(都市間を結ぶ)主要幹線道路」。「ハイウェー」といえば日本語では「高速道路」の意味がありますが、「高速道路」は米国では expressway, freeway、英国では motorway と言います。

(**54**)　正解は **d**）「壁に沿って備えられたベンチに何人かの人が座っています」です。the benches along the wall の部分の聴解がポイントです。bench「ベンチ、(背もたれのない)長いす」。cf. sit on the bench は熟語で「裁判官席についている；（選手が）補欠でベンチにいる」という意味もあります。wall「(部屋の)壁；（石・れんがなどの）外壁、塀」。

　　a)　「多数の人が壁にかかった絵画を眺めています」。壁には絵画はかかっていません。

　　b)　「1 人の男性が塀によじ登って越えようとしています」。塀に登っている人はいません。climb［kláim］「登る、よじ登る」は発音に注意。最後の b は発音しません。

　　c)　「建物の入り口は人でいっぱいです」。建物の入り口は見あたりません。

(**55**)　正解は **c**）「人々が伝統的な道具で米をついています」です。pound［paund］〈動〉「連打する、強く打つ」はあまりなじみのない語かもしれません。traditional tools「伝統的な道具」が「きね」（wooden pestle）を指していることに気づくことがポイントでしょう。また、消去法による解答も可能です。ここでの rice は「もち米」（glutinous rice）のことです。

　　a)　「多くの人は外で煎餅を焼いています」。煎餅（rice cracker）を焼いている場面ではありません。

　　b)　「多くの人はご飯を美味しく食べています」。ご飯の味（taste）を楽しむ様子はありません。

　　d)　「多くの人は五穀豊穣を祈って踊っています」。踊っている状況には見えません。in the hope of ...「... を期待して」。harvest「(作物の)収穫」。a good harvest で「豊作」の意味です。cf. a bad［poor］harvest「不作」。

演習問題

《演習 6》

　次の各写真に関する 4 つの説明文を聴いて、それぞれの状況を最も的確に表しているものを a)、b)、c) および d) の中から一つずつ選びなさい。説明文はすべて 2 回放送されます。

（1）

（2）

（3）

（4）

（5）

解答と解説

《演習 6》
［放送の内容］

(1)　a) People are in a hurry to get on the train.
　　　　b) The check-in counter is crowded with passengers.
　　　　c) The large board shows the departure time of trains.
　　　　d) There aren't any available tickets today.

(2)　a) There are two large beds in the room.
　　　　b) This is a double-bed room.
　　　　c) The mirror on the wall is broken.
　　　　d) The room is ready to welcome guests.

(3)　a) The orchestra is playing music in the concert hall.
　　　　b) Street musicians are playing the musical instruments.
　　　　c) The band is playing music on the stage.
　　　　d) The conductor is leading the band.

(4)　a) The cherry trees behind the old building are in full bloom.
　　　　b) People are standing on the temple balcony.
　　　　c) The temple is surrounded by water.
　　　　d) There is a ladder to climb the castle.

(5)　a) A large paper balloon is flying in the sky.
　　　　b) People are walking under the paper lantern.
　　　　c) The church is very crowded with people.
　　　　d) The amusement park attracts many people.

■解　答■　(1)–c)　　(2)–b)　　(3)–c)　　(4)–b)　　(5)–b)

解説

(**1**)　正解は **c)**「大きな掲示板に列車の出発時間が示されています」です。
the large board の部分の聴解がポイントです。掲示板には通常、出発時
刻、行き先(目的地)、列車名とその番号、ホーム番号などが記載されてい

ます。departure time「出発時間」。cf. arrival time「到着時間」。

a)　「人々は急いで列車に乗ろうとしています」。写真には列車は見あたりません。in a hurry「急いで」。get on (a train)「(電車に)乗る」。

b)　「搭乗手続きカウンターに搭乗者が集合しています」。この場所は空港ではありません。また搭乗手続きカウンターは見あたりません。check-in counter「(空港での)搭乗手続きカウンター」。be crowded with ...「(ある場所が) ...でいっぱいである」。passenger「乗客」。

d)　「本日利用[購入]できる切符はない」。このような情報は写真から判断できません。available〈形〉「利用できる、入手できる」。

(2)　正解は **b**)「これはダブルベッドの部屋です」です。double-bed room の聴解がポイントです。double-bed room「二人(用ベッドのある)部屋」。ちなみに、「ベッドサイズ」は通常次のような標準があります。シングル：110 センチ、セミダブル：120–140 センチ、ダブル：160 センチ、クイーンサイズ：180 センチ、キングサイズ：200 センチとなります。

a)　「部屋には大きなベッドが2つあります」。部屋にはベッドは1つしかありません。

c)　「壁の鏡が壊れています」。壊れた鏡は見あたりません。

d)　「部屋は宿泊客を迎える準備ができています」。ベッドの上のクッションの位置が乱れていることなどから、宿泊客を迎える状態ではないと考えられます。be ready (to)「(...する)用意ができている」。

●いろいろなホテルの部屋●
single(-bed) room「シングル；一人部屋」/ twin(-bed) room「ツイン；シングルベッド二つの二人部屋」/ triple bed room「トリプル；三人部屋」/ suite「スイート；寝室・居間・応接間など複数の部屋が組み合わせられた部屋」/ adjoining rooms「隣り合った部屋」/ connecting rooms「2室続きで中間のドアから出入りできる部屋」

(3)　正解は **c**)「バンドがステージ上で音楽を演奏しています」です。band と on the stage の部分の聴解がポイントです。band「バンド、楽団」：jazz [brass] band「ジャズ[ブラス]バンド」。play music「音楽を演奏する」。

a)　「オーケストラがコンサートホールで音楽を演奏しています」。オーケストラではありません。

b)　「路上音楽家たちが楽器を演奏しています」。この場所は street で

はありません。musical instrument「楽器」。

　d)　「指揮者がバンドを指揮しています」。指揮者は見あたりません。
conductor「(合唱団・オーケストラなどの)指揮者」。cf.「(電車・バスな
どの)車掌」の意味もあります。lead「指揮する；指導する」(= conduct)。
(**4**)　正解は **b**)「人々が寺院の舞台に立っています」です。temple bal-
cony の部分の聴解がポイントです。bálcony「バルコニー；(劇場の)階上
席」。アクセントに注意。

　a)　「古い建物の背後にある桜の木は満開です」。満開の桜の木は見あた
りません。in full bloom「満開である」。

　c)　「寺院は海に囲まれています」。海は見あたりません。surround「囲
む」。water(s)「海、川、湖」。

　d)　「城に登るはしごがあります」。はしごは見あたりません。ladder
「はしご」。climb「登る」(最後の b は発音しない)。castle「城」(t は発
音しない)。

(**5**)　正解は **b**)「人々は提灯の下をくぐって歩いています」です。the pa-
per lantern の聴解がポイントです。lántern「ランタン、提灯；手提げラ
ンプ」。アクセントに注意。

　a)　「大きな紙風船が空中を飛んでいます」。「風船」ではなく、また
flying「飛んでいる」の部分も不適切です。balloon「気球；風船」(スペリ
ングに注意すること)。fly「(飛行機・鳥などが)飛ぶ；(人が飛行機で)飛
ぶ」：We flew from Osaka to Tokyo.「大阪から東京へは飛行機で飛びま
した」。

　c)　「教会は人々で混み合っています」。この建物は教会ではありません。
church「教会」。be crowded with ...「(場所が) ...で混んでいる」。

　d)　「遊園地は大勢の人を引きつけています」。遊園地は見あたりません。
amusement park「遊園地」(=〈英〉fun fair)。attract「(人を)引きつけ
る、(注意・関心を)引く」。

第 7 章　イラスト説明の問題

出題傾向

　観光英語検定試験が始まって以来毎年のように出題されている問題です。提示された「イラスト」を見ながら、その内容に適した選択肢を選ぶ問題です。海外および日本の観光事情や文化についての知識も必要となります。

◆主題の形式

(1)　1枚のイラストに関して a)、b)、c) および d) の 4 つの説明文があります。

(2)　説明文は、ネイティブスピーカーによって 2 回放送されます。

(3)　イラストの内容を最も適切に説明している選択肢を 1 つ選びます。

◆出題の内容

　最近の試験で提示された「イラスト」の内容をジャンル別に分けると下記のようになります。

(1)	エアライン	空港での搭乗案内、機内の化粧室、機内の座席案内、飛行時間案内
(2)	ホテル	メイドのチップ、満室の標示板、朝食券、客室案内
(3)	レストラン	ジュースの自動販売機
(4)	ショッピング	スーパーマーケットのレジ案内、バーゲン品の案内
(5)	交通機関	観光地までの車による所要時間の案内、新幹線の切符
(6)	通信・銀行	500 ユーロ紙幣
(7)	病気・医薬	寒暖計
(8)	娯楽・レジャー	バレエの案内、劇場の案内、水族館の案内
(9)	海外観光・文化	ハワイの地図
(10)	日本観光・文化	奈良観光のパンフレット、凧、熨斗（のし）、能面、茶筅（ちゃせん）

出　題　例

——【出題例 7】——

　次の各イラストに関する 4 つの説明文を聴いて、それぞれの内容を最も的確に表しているものを a)、b)、c) および d) の中から一つずつ選びなさい。説明文はすべて 2 回放送されます。

(56)

Places to Visit
From Orlando

Venue	Miles	Minutes
Walt Disney World	3.5	8
Sea World	8	15
Universal Studios	8	15

(57)

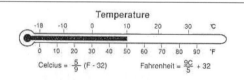

(58)

(59)

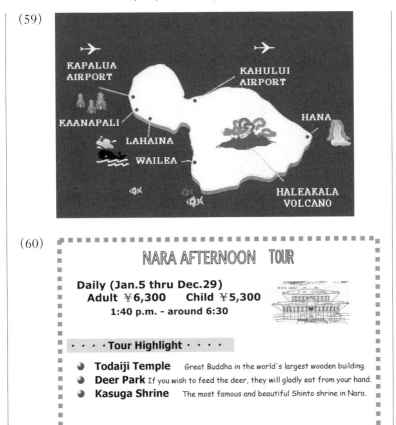

(60)

NARA AFTERNOON TOUR

Daily (Jan.5 thru Dec.29)
Adult ￥6,300　　Child ￥5,300
1:40 p.m. - around 6:30

･ ･ ･ ･Tour Highlight･ ･ ･ ･

- **Todaiji Temple** Great Buddha in the world's largest wooden building.
- **Deer Park** If you wish to feed the deer, they will gladly eat from your hand.
- **Kasuga Shrine** The most famous and beautiful Shinto shrine in Nara.

解答と解説

【出題例 7】

［放送の内容］

(56)　a) It takes 8 minutes from Orlando to Sea World.

　　　b) Universal Studios is 8 miles away from Orlando.

　　　c) Walt Disney World is the farthest attraction from Orlando.

　　　d) Sea World and Walt Disney World are located side by side.

(57)　a) The thermometer reads 15 degrees Fahrenheit.
　　　b) The thermometer reads 50 degrees centigrade.
　　　c) The temperature is 10 degrees Fahrenheit.
　　　d) The temperature is 10 degrees centigrade.

(58)　a) This is a lane for passengers with no checked baggage.
　　　b) Travelers are required to be there at 7.
　　　c) Hotel guests can make an express check-out here.
　　　d) Customers with only a few items can save time at this lane.

(59)　a) Kahului Airport is located in the south of the island.
　　　b) Kaanapali is located between Kapalua Airport and Lahaina.
　　　c) The island has the shape of a diamond.
　　　d) There is a volcano in the west of the island.

(60)　a) The tour is operated all through the year, except New Year's
　　　　Eve.
　　　b) People can enjoy famous places in the ancient capital on this
　　　　tour.
　　　c) There is no child discount available on this tour.
　　　d) People can visit three traditional wooden buildings on this
　　　　tour.

■解　答■　(56)–b)　　(57)–d)　　(58)–d)　　(59)–b)　　(60)–b)

解説

(**56**)　このイラストは、「米国の Orlando（オーランド）から各遊園地まで の距離と所要時間」を表わしたものです。オーランドには20以上の遊園 地（amusement park）が集中し、代表的なものに Walt Disney World、 Sea World、Universal Studios があります。オーランドからその「場所」 （venue）までの「マイル数」（miles）と「所要時間」（minutes）が与え られています。特にその「数字」に関して正確に把握することが問われま す。正解は **b**) の「ユニバーサル・スタジオはオーランドから8マイル離 れています」です。

　a)　「オーランドからシー・ワールドまでの所要時間は8分です」。8は

マイルのことです。正しい所要時間は 15 分です。

　c)　「ウォルト・ディズニー・ワールドはオーランドから最も遠い遊戯施設です」。むしろウォルト・ディズニー・ワールドは 3 カ所の中で最も近くにあります。

　d)　「シー・ワールドとウォルト・ディズニー・ワールドは隣り合っています」。前者はオーランドから 8 マイル、後者は 3.5 マイルの距離なので、両者が隣り合っているはずはありません。be located「... にある、位置している」。side by side「隣り合わせに、並んで」。

(**57**)　このイラストは、温度計の目盛りの読み方を表わしたものです。上部の目盛りが「摂氏」(Celsius [〈米〉centigrade]; 記号は ℃)、下部の目盛りが「華氏」(Fahrenheit; 記号は ℉) です。したがって、このイラストにある温度は「摂氏 10 度」または「華氏 50 度」を指していますから、正解は **d**)「温度は摂氏 10 度です」になります。temperature「温度」と thermometer「温度計」の区別、数字の聞き取り(特に fifty [50] と fifteen [15] の区別)が問われます。イラストにある Celsius と説明文中の centigrade は同じ意味で、いずれも、「数字＋degree(s)」の後に用います。ten degrees centigrade「摂氏 10 度」(10 ℃ と略す)。Celsius (C と略す) を用いるのが正式ですが、米国では普通は centigrade を用います。Fahrenheit「華氏の」(F, Fahr. と略す): fifty degrees Fahrenheit「華氏 50 度」(50 ℉ と略す)。従来、英米では気温や体温を示す時、特に断っていない場合「華氏」を示しますが、最近では「摂氏」を使用する傾向があります。

　a)　「温度計は華氏 15 度を指しています」。華氏 50 度の誤りです。

　b)　「温度計は摂氏 50 度を指しています」。摂氏 10 度の誤りです。

　c)　「温度は華氏 10 度です」。華氏 50 度の誤りです。

(**58**)　このイラストは、スーパーマーケットのレジ (cashier) でよく見かける案内です。少ない点数(10 items or less「10 点以下」)を現金で (cash only) 買う客だけが並んで、短時間で会計を済ますことができる列のことを express lane と呼んでいます。正解は **d**)「数点のみを購入する客は、このレジの列で時間を節約することができます」です。express lane は文脈によっては他の意味になります。たとえば米国では「(高速道路の)追い越し車線」の意味で用います。

　a)　「ここは委託手荷物を所持していない乗客のための列です」。10 Items や Cash only などの文言から買物をする場所の案内であって、空

港ではないのです。checked baggage「委託[受託]手荷物」。空港の搭乗手続きのとき預けた手荷物のことです。「機内に持ち込む手荷物」は carry-on baggage と言います。

　b)　「旅行者は7時にこの場所に来なくてはいけません」。旅行者の集合場所ではないのです。be required to (do)「(... する)ように要求される、(... する)必要がある」。

　c)　「ホテル宿泊者はここで急いでチェックアウトすることができます」。ホテルではありません。make an express check-out「急いで会計を済ませて出る」。

(59)　提示されたイラストはハワイの「マウイ島」の地図です。マウイ島はハワイ諸島の中で2番目に大きな島でリゾート地として施設も充実しています。地図中の場所の「相互の位置関係」を理解することが問われます。正解は **b**)「カアナパリは、カパルア空港とラハイナの中間に位置しています」です。Kaanapali はハワイ有数の高級リゾート地です。Lahaina はハワイ王朝の首都であった古い建造物や街並みがそのまま残っている、マウイ島随一の観光の町です。between Kapalua Airport and Lahaina の部分がポイントです。

　a)　「カフルイ空港は、この島の南部にあります」。この空港は「北部」に位置します。地図は方位を示さない場合、上方が北部にあたります。

　c)　「この島はダイヤモンド型をしています」。ダイヤモンド型ではなく、どちらからと言えば「ひょうたん型」のようです。

　d)　「この島の西部には火山があります」。世界最大の休火山ハレアカラ火山 (Haleakala Volcano: 標高 3,055 m) は、どちらかというと「東部」に位置します。

(60)　このイラストは、「奈良の半日(午後)観光」(Nara Afternoon Tour) のパンフレットです。「実施日程」、「料金」、「見どころ」などについて正確な理解が問われます。正解は **b**)「人々はこのツアーで古都の名所を満喫することができます」です。他の選択肢はいずれもパンフレットの内容に一致しません。

　a)　「このツアーは大晦日を除いて一年中実施されています」。パンフレットには Daily (Jan. 5 thru Dec. 29)「毎日(1月5日から12月29日)」とあります。つまり、12月30日から1月4日は実施されません。thru は through の省略形です。

　c)　「このツアーでは子供の割引は利用できません」。パンフレットに書

かれている料金は、大人は 6300 円、子供は 5300 円で 1000 円の割引があ
ります。

　d)　「このツアーでは人々は 3 カ所の伝統的な建造物を訪れます」。建造
物は 2 カ所(東大寺と春日大社)です。鹿公園は建造物ではないことに注意
しましょう。

演習問題

《演習 7》

　次の各イラストに関する 4 つの説明文を聴いて、その内容を最も的確に
表しているものを a)、b)、c) および d) の中から一つずつ選びなさい。
説明文はすべて 2 回放送されます。

（1）

（2）

（3）

BALLET CHICAGO PRESENTS

Cinderella

Shubert Theater

November 9-13 Call 312-831-2822

（4）

```
500  BCE ECB EZB EKT EKP  500  500
                          500  500
500 EURO  EYPΩ                  500
```

（5）

新幹線特急券

東　京　→　盛　岡

10月27日 （09:20発）　　　（12:03着）　　C63

やまびこ 81号　　11号車　5番　D席 🚭
¥5,650

15. 10. 10 東京駅 MR　（2- ）　　60251-01

解答と解説

《演習 7》
［放送の内容］

（1）　a) The Bates Motel has no rooms available today.

　　　b) You can make a reservation for the Bates Motel today.

　　　c) The Bates Motel doesn't have a reservation system.

d) The Bates Motel has no parking area.

(2)　a) Beach Heaven is a restaurant.
　　　b) This is a meal coupon.
　　　c) This is valid only until November 6th.
　　　d) This is for a free Continental breakfast.

(3)　a) The title of the musical is Cinderella.
　　　b) Cinderella will be presented for five days in a row.
　　　c) Cinderella will play at the Ballet Chicago Theater.
　　　d) The performance will last for four days.

(4)　a) This Eurailpass can be used in all European countries.
　　　b) This can be used as identification at a bank.
　　　c) This bill is worth five hundred Euro.
　　　d) You need to exchange this traveler's check for local cur-
　　　　rency.

(5)　a) The reserved ticket costs5,650 yen more than a non-re-
　　　　served ticket.
　　　b) A no-smoking seat to Tokyo has been reserved.
　　　c) The ticket guarantees a seat on the Bullet Train.
　　　d) The train will stop at every station between Tokyo and
　　　　Morioka.

■解　答■　(1)-a)　　(2)-b)　　(3)-b)　　(4)-c)　　(5)-c)
解説
(1)　このイラストは、Bates Motel という名前の「モーテル」(motel)
の掲示です。Sorry No Vacancy とは「本日満室 (No Vacancy) につき
ご了承願います」ということ。正解は、a)「ベイツ・モーテルは今日満室
です」になります。motel「モーテル」は自動車旅行者のために設けられ
たホテルのことです。motor と hotel の合成語です。vacancy「空き部屋」:
Do you have any vacancies?「空室はありますか」。available〈形〉「利用
できる」: No Rooms Available.「利用できる部屋はありません」(「満室」

の掲示）。

　b)　「本日ベイツ・モーテルは予約可能です」。満室なので予約できない
はずです。make a reservation「予約する」（＝ reserve, book）。

　c)　「ベイツ・モーテルには予約制度はないのです」。イラストにはない
情報です。

　d)　「ベイツ・モーテルには駐車場はないのです」。イラストにはない情
報です。parking area「駐車場」は、米国では parking lot, 英国では car
park とも言います。

(2)　このイラストは、Beach Heaven Hotel & Resort というホテルの
テラスでの朝食一回分に有効な「食券」です。Good for「 . . . に有効」。正
解は **b)**「これは食券です」です。meal coupon「食券」。meal ticket と
も言います。

　a)　「Beach Heaven はレストランです」。Beach Heaven Hotel & Re-
sort とあり、レストランではなくホテルです。

　c)　「これは 11 月 6 日までに限り有効です」。Good until Dcember 6,
2003 とあるので、有効期間は 2003 年 12 月 6 日までです。valid〈形〉
「有効な」: This coupon is valid for three months.「このクーポンは 3 カ
月間有効です」。

　d)　「これは無料のコンチネンタル・ブレックファースト用のものです」。
食券には American breakfast「アメリカ式朝食」とあります。American
breakfast はジュース・パン・コーヒーに加え、卵料理（ソーセージ、ハム
またはベーコン添え）が付く朝食のことです。continental breakfast「コン
チネンタル・ブレックファースト」は、パン・バター・ジャム・コーヒー・
オレンジジュースなどの簡単な食事のことです。

(3)　このイラストは、「シンデレラ」というバレエ公演（BALLET）の広
告です。「劇場」「上演期間」などの把握を問われます。正解は **b)**「シン
デレラは 5 日間連続で上演されます」です。November 9–13 が上演期間
なので、このバレエは 11 月 9 日から 13 日までの連続 5 日間上演されま
す。presént〈動〉「（劇などを）上演する、公演する」。アクセントに注意。
〈名〉「贈り物」および〈形〉「出席の」の時は présent となります。in a row
「連続して；一列に（なって）」。

　a)　「ミュージカルの題名はシンデレラです」。公演されるのは「バレエ」
で musical「ミュージカル」ではありません。

　c)　「シンデレラはバレエ・シカゴ劇場で上演されます」。Ballet Chicago

「シカゴ・バレエ団」の公演ですが、劇場は Shubert Theater「シューベルト劇場」です。play〈動〉「上演［上映］される」: What is playing at the theater this weekend?「この週末にはあの劇場［映画館］では何が上演［上映］されていますか」。ballet [bǽlei, bæléi]「バレエ、バレエ劇［曲］」の発音に注意すること。最後の t は発音しません。

　d)　「上演は4日間続くでしょう」。上述のように、上演期間は5日間です。performance「上演、公演、演奏」。last〈動〉「続く」。

(4)　このイラストは、EU の各国で使われている「500 ユーロ紙幣」です。正解は **c)**「この紙幣は、500 ユーロに値する」です。bill「紙幣、札」: a ten-dollar bill「10 ドル紙幣」。英国では note と言います。worth〈形〉「(...に)値する、(...の)価値がある」。The used car is worth three hundred dollars.「この中古車は 300 ドルの価値があります」。

　a)　「このユーレイルパスは、ヨーロッパのすべての国で使用できます」。これはユーレイルパスではありません。ちなみに、ユーレイルパス (Eurailpass: ヨーロッパ鉄道周遊券)は西欧 33 カ国 (2020 年現在) の全路線にわたって一等で無制限に旅行できる周遊券ですが、ヨーロッパのすべての国で使えるわけではありません。

　b)　「これは銀行で身分証明書として使用できます」。これは身分証明書ではありません。identification「身分を証明するもの」: Do you have any identification?「何か身分を証明するものをお持ちですか」。

　d)　「このトラベラーズチェックを現地通貨に換える必要があります」。これはトラベラーズチェックではありません。exchange「交換する」。local「現地の、地元の」: local newspaper「ローカル新聞」。日本語の「ローカル」にあるような「地方・田舎」という意味はありません。currency「通貨、貨幣」: Japanese currency is widely used in this country.「この国では日本の通貨が広く使用されています」。

(5)　このイラストは、東京発盛岡行きの東北新幹線やまびこ 81 号の「指定席特急券」です。正解は **c)**「この切符は新幹線の座席を保証します」です。guarantee「保証する」。「新幹線」を指して Bullet Train「弾丸列車」ということがあります。しかし、海外でも Shinkansen Train で通用することが多いです。

　a)　「指定席の切符の運賃は、自由席よりは 5,650 円高いのです」。5,650 円は指定料金ではなく、特急料金と指定料金を合わせたものです。reserved (ticket)〈形〉「予約された(切符)、予約券」。non-reserved (ticket)

「自由席(の切符)」。cost「(費用が)かかる」: Each ticket costs one hundred yen [one dollar].「どの切符も 1 枚百円[1 ドル]です」。

b) 「東京行きの禁煙席が予約されています」。これは盛岡行きの切符です。no-smoking seat「禁煙席」(= nonsmoking seat): I'd like a non-smoking seat.「禁煙席にしてください」。

d) 「この列車は東京・盛岡間のすべての駅に停車します」。停車駅についての情報はありません。stop at every station「各駅に停車する」。

第8章　英語コミュニケーションの問題

出題傾向

「相手の言い分」を即座に把握し、それに対して「自分の言い分」を即座に反応させることは、コミュニケーションの基本です。英語による身近な日常対話を成立させることが出来るかどうかをチェックする出題です。観光英語検定試験が実施されて以来毎年出題されています。

◆出題の形式

放送される対話の「問いかけ」に対して最も適切な応答となる文を4つの選択肢の中から選ぶ形式です。ここでいう「問いかけ」は「対話における最初の文」ということであり、必ずしも疑問文の形になっているわけではありません。

〈例〉

放送される文：　I do not know anybody on this sightseeing tour.

選択肢：　a) Okay. This sightseeing bus is over there.

b) Okay. Let me introduce you to all of the tourists.

c) I see. We will go sightseeing tomorrow.

d) I see. Here is not my friend.

「この観光ツアーでは知りあいが一人もいません」

a)「承知しました。観光バスはあちらです」

b)「承知しました。お客様を観光客全員にご紹介しましょう」

c)「わかりました。明日観光に行きましょう」

d)「わかりました。ここには私の友人はいません」

→ 正解は b) になります。

◆出題の内容

最近の試験で出題された「対話」の内容をジャンル別に分けると下記のようになります。

（1）　エアライン　　　　　搭乗手続きカウンター、到着時間、入国審査、税関審査、両替所

（2）　ホテル　　　　　　　宿泊カードの記入法、フロントでの予約、部

[163]

屋の値段、朝食込みの室料
（3）	レストラン	ファーストフードの注文、食事中の頼み事、冷めたスープ
（4）	ショッピング	服のサイズ、値段の交渉
（5）	交通機関	バスの運行回数、京都までの切符
（6）	観光・旅行	観光の所要時間、目的地への到着時間
（7）	通信・銀行	電話の使用、郵便ポストの場所
（8）	娯楽・レジャー	切符売り場、パーティーの開催
（9）	病気・医薬	身体の具合、飛行機酔い
（10）	日本事情・文化	てんぷらの試食、神社仏閣の参拝

出　題　例

【出題例 8】

音声 5

　次の対話の問いかけを聴いて、それに対する最も適切な応答を a)、b)、c) および d) の中から一つずつ選びなさい。問題はすべて 2 回放送されます。

(61)　a) Sure. Here I am.
　　　b) Sure. Here he is.
　　　c) Certainly. Here you are.
　　　d) I'm sorry.

(62)　a) Yes, I do.　　　　　　　b) No, thank you.
　　　c) Let's greet them.　　　d) Please enter the room.

(63)　a) Sure. Here it is.
　　　b) Here he comes.
　　　c) Oh, my God! I can't stand it.
　　　d) What do you mean?

(64)　a) Size 9.　　　　　　　　b) I'll take it.
　　　c) I wear a uniform.　　　d) I'll pay by credit card.

(65) a) Turn to the left, and you'll find the ticket booth.

   b) Hurry up, or you won't find the ticket booth.

   c) Go straight ahead, and you can miss the ticket booth.

   d) Walk to the platform where you can get on the train.

(66) a) Yes, I can.　　　　　 b) Yes, please.

   c) No, I haven't.　　　　 d) Go ahead.

(67) a) No, thank you.　　　　b) You're welcome.

   c) Sure. Go ahead.　　　 d) Not at all.

(68) a) Yes, I can make a cake for the party.

   b) No, I can't cook dinner on Saturday.

   c) I hope she will come to the party.

   d) Thanks, but I'm afraid I'm busy this Saturday.

(69) a) Sure.

   b) Traveler's checks, please.

   c) Thank you for your tip.

   d) I opened an account at the bank 2 days ago.

(70) a) It doesn't taste like tempura.

   b) Try your best.

   c) He is a good chef.

   d) What is tempura like?

解答と解説

【出題例 8】

[放送の内容]

(61) May I see your passport and customs declaration form, please?

(62)　Do you have a reservation?

(63)　Excuse me, but would you pass me the salt, please?

(64)　What size do you wear?

(65)　Excuse me, sir. Where can I get a ticket for Kyoto?

(66)　Have you ever been abroad?

(67)　Can I use your phone, please?

(68)　I'm having a party this Saturday. Can you make it?

(69)　I'd like to exchange dollars for yen.

(70)　I'd like to try tempura tonight.

■解　答■　(61)−c)　　(62)−a)　　(63)−a)　　(64)−a)　　(65)−a)
(66)−c)　　(67)−c)　　(68)−d)　　(69)−a)　　(70)−d)

(61)　「旅券と税関申告書を拝見できますか」

解説　空港での出入国審査 (immigration) で係官が、乗客に対してこの 2 点(旅券と税関申告書)を見せるように要請しています。その返答としては「人にものを渡す」時の表現が必要なので、**c)** Certainly. Here you are.「もちろんです。はい、どうぞ」が正解です。customs declaration form「税関申告書」。customs declaration card とも言います。Here you are. は「差し出す相手」に重点を置いています。「渡す物」に重点を置く場合、Here it is. とも言います。特定の物を渡す時には、Here's your tea.「はい、お茶をどうぞ」、Here's the ticket for you.「はい、これがあなたの切符です」などと言います。

　a)　「はい、ここにいます」は「人の所在」を表します。Taro!「太郎」— Here I am.「はい、僕はここにいます」。また、「ただいま(帰りました)」の意味もあります。

　b)　「はい。彼はここにいます」。

　d)　「すみません」は人に対して「謝罪の気持ち」を表します。ちなみに、日本語の軽い「お礼」の意味で用いる「すみません」に対する英語は "Thank you." と言います。

(62)　「ご予約を頂いておりますか」

解説　ホテルのフロント (the front desk) で受付の係員が宿泊者に対して最初に「予約」(reservation) を確認します。Do you . . . ? という疑問文の応答として適切なので、**a)** Yes, I do.「はい、予約してあります」が正解です。reservation「(部屋・座席・切符などの)予約」(= booking)。

診察・美容院などの「予約」は appointment と言います。I made a
doctor's appointment for three.「3 時に医者の予約をしました」。

　b)　「いいえ、結構です」。何かを勧められて断る時に用いる表現です。
No と thank you の間を切らずに続けて発音します。

　c)　「彼らに挨拶しましょう」。greet「挨拶する」。cf. greeting〈名〉「挨
拶」。

　d)　「どうぞ、部屋に入ってください」。enter「入る」。Please come in.
とも言えます。この表現は「中にいる人から見た」場合です。また、Please
go in. なら「部屋の外で連れに対して言う」場合です。

(**63**)　「お塩をとってくださいますか」

　解説　食卓で人に物を「手渡してほしい」(pass me the salt) と頼ま
れています。その返答としては「人に物を渡す」時の表現が必要なので、正
解は **a**) の Sure. Here it is.「もちろん。はい、どうぞ」です。pass「(食
卓で)回す、(手)渡す」。ちなみに、食卓で手を伸ばして人の前にある物を
取るのは失礼です。Here it is. と Here you are. の違いについては (61)
の解説を参照してください。また、Here you go. とも言います。

　b)　「ほら、彼がやって来た」。固有名詞が来る場合「語順」に注意する
ことです。Here comes Taro.「ほら、太郎がこっちへやって来ました」。

　c)　「ああ困った。我慢できません」。Oh, my God!「ああ困った、悲
しいかな」(= Good God!)。驚きを表す表現です。stand「我慢する」(=
put up with)：I can't stand [put up with] her any more [longer].「彼
女にはもう我慢できません」。

　d)　「どういう意味ですか」。相手の発言を繰り返して怒りを表す場合に
も用います。You're stupid.「君がばかだよ」— What do you mean,
"stupid?"「ばかとは何だ」。

(**64**)　「何サイズを着用されますか」

　解説　ブティックなどでショッピングする時のやりとりです。What
size . . . ? と衣服の「サイズ」を尋ねられているので、応答としては **a**)
Size 9.「サイズは 9 号です」が正解です。I wear size 9. を省略した言い
方です。ちなみに、サイズを尋ねる時は他に、What size shoes [dress]
do you wear? や What size do you take in shoes [skirt]? などとも言い
ます。

　b)　「それをください」は物を買うことを決めて店員に伝える時に用いる
表現です。

c)　「制服を着用しています」。wear は「身につけている」(状態)、put on は「身につける」(動作) の意味です。

d)　「クレジットカードで支払います」。cf. pay in cash「現金で支払う」。

(65)　「すみませんが、京都行きの切符はどこで買えますか」

解説　鉄道の駅構内などで駅員に対して Where can I ...? と切符を買える「場所」を尋ねています。道順を答える必要があるので、**a)** Turn to the left, and you'll find the ticket booth.「左に曲がれば切符売場があります」が正解です。turn to the left (= turn left: left は副詞)「左へ曲がる」。ticket booth「切符売場」。米国では ticket office、英国では booking office とも言います。

b)　「急がないと、切符売場を見つけられませんよ」。「場所」を答えていません。or〈接〉「そうでないと、そうしないと」は命令文の後に用います。

c)　「前方をまっすぐに行けば、切符売場を見失うでしょう」。can を can't にすれば、「前方をまっすぐに行けば切符売場を見逃しようがありません」という意味になり、対話が成立します。and〈接〉「そうすれば」は命令文の後に用います。

d)　「ホームまで歩いて行けば、電車に乗れますよ」。質問は「電車に乗る」場所ではなく、「切符を買う」場所を尋ねているのです。get on「(バス・列車などに)乗る」。反意語は get off「降りる」です。

(66)　「海外へ行ったことがありますか」

解説　「経験の有無」を尋ねられています。Have you been ...? という形の疑問文に対する応答として適切なのは、**c)** No, I haven't.「いいえ、ありません」だけで、これが正解です。「行ったことがある」場合は Yes, I have (been abroad twice).「はい、(二回行ったことが)あります」などと答えます。abroad〈副〉「海外へ、外国で」: travel abroad「海外旅行する」; study abroad「留学する」。

a)　「はい、できます」。Can you speak French?「フランス語が話せますか」等の Can で始まる疑問文に対する応答です。

b)　「はい、お願いします[いただきます]」。相手の申し出、誘いなどに答える表現です。Won't you have another cup of coffee?「もう一杯コーヒーはいかがですか」— Yes, please.「はい、いただきます」。

d)　「さあ、どうぞ」。許可を求められた時や、相手に何かを促す時の表現です。May I use your telephone?「お電話を借りてもいいですか」—

Go ahead, please.「さあ、どうぞ」。

(67)　「あなたの電話を使ってもよろしいでしょうか」

解説　「使用する許可」(Can I use . . . ?) を求めています。その応答として「了解」を伝える表現が必要なので、正解は **c)** Sure. Go ahead.「はい。どうぞ」です。go ahead は許可を求められた時の応答に用いる慣用表現です。

　a)　「いいえ、結構です」。相手の申し出を「断る」ときに用いる返事です。親しい間柄では "No, thanks." とも言います。

　b) および d) はいずれも「どういたしまして」の意味です。「お礼」のことばに対する返事です。Don't mention it. や That's all right. または Never mind. とも言います。

(68)　「今週土曜日にパーティーを開く予定です。都合がつきますか」

解説　パーティーを開く予定があることを述べてから、そのパーティーに来られるのかどうか「都合」を尋ねています。参加の可否について述べた選択肢は **d)** Thanks, but I'm afraid I'm busy this Saturday.「ありがとう。でも残念ながら今週土曜日は忙しいと思います」(だから行けません、ということ)だけなので、これが正解です。have a party「パーティーを開く」(＝ give a party)。make it「都合をつける」(慣用表現)。I'm afraid (that) . . .「(残念ながら) . . . と思う」。that 節の内容が好ましくないことの場合に、I think . . . の代わりに用います。I'm afraid I can't help you.「残念ながらお手伝いできません」。

　a)　「はい、パーティーのためにケーキを作れます」。cf. bake「(かまど・オーブンなどでパン・ケーキなどを)焼いてつくる」: She baked three cakes.「彼女はケーキを 3 個焼きました」。

　b)　「いいえ、土曜日にはディナーを料理することはできません」。通常、食事には「朝食」(breakfast)、「昼食」(lunch) そして「夕食」(supper) があります。日曜日や祝祭日には昼でも dinner を食べます。dinner は一日のうち最も時間をかける食事のことです。

　c)　「彼女がパーティーに来られるといいな」。I hope . . .「. . . だといいと思う」。希望・期待を表します。cf. I wish (that) . . .「. . . であればよいのにと思う」は仮定法を伴って現実と異なる内容についての希望を述べるのに用います。I wish I could buy a car.「車を買えればいいのにな」(お金がないので車を買えない)。

(69)　「ドルを日本円に両替したいのです」

解説　銀行または空港やホテルなどの「両替所」(money exchange office)で客がドルと円の交換を依頼しています。何かを頼まれた時の応答として**a**) Sure.「もちろんです」が適当なので、これが正解です。exchange A for B「A を B に両替する」(= change A into B)：Can I exchange Japanese yen for the US dollars here?「ここで日本円を米ドルに両替できますか」。

b)　「トラベラーズチェックをお願いします」。

c)　「チップをありがとうございます」。

d)　「2 日前に銀行で口座を開きました」。open an account「口座を開く」。

(70)　「今夜はてんぷらを食べてみたいのです」

解説　海外からの観光客が「てんぷら」を試しに食べてみたいと言うのに対して、「てんぷら」を知らないもう一人の観光客が**d**) What is tempura like?「てんぷらとはどんなものですか」と尋ねているという状況が考えられます。消去法による解答も可能でしょう。try「試してみる、食べて［飲んで、着て、履いて］みる」。What is . . . like?「. . . はどんな人［もの、こと］か」：What's the new manager like?「新しいマネージャーはどんな人ですか」。

a)　「てんぷらのような味がしません」。

b)　「最善を尽くしなさい」。

c)　「彼は腕のいいシェフです」。

演習問題

《演習 8》

　次の対話の最初の英文を聴いて、それに対する最も適切な応答を、a)、b)、c) および d) の中から一つずつ選びなさい。各対話の最初の英文はすべて 2 回放送されます。

(1)　a) No, I don't smoke.

b) Yes, go ahead.

c) Would you mind opening the door?

d) No, I have nothing to declare.

(2)　a) In traveler's checks.　　b) With signature.
　　　　c) Through cash.　　　　　d) By credit card.

(3)　a) I'm terribly sorry.　　　b) No problem.
　　　　c) Yes, it is.　　　　　　　d) That's good.

(4)　a) That comes to $95, including tax.
　　　　b) Not at all.
　　　　c) I don't have enough money.
　　　　d) I don't like to use my credit card.

(5)　a) At the station.
　　　　b) From Platform 5.
　　　　c) 2 tickets, please.
　　　　d) At 7:30.

(6)　a) Please come this way.
　　　　b) Yes, it is.
　　　　c) No, it's not yours.
　　　　d) No, I'm not.

(7)　a) Kuala Lumpur.
　　　　b) Yes, I use it.
　　　　c) Ringgit.
　　　　d) No, I've never been to Malaysia.

(8)　a) When?
　　　　b) Bless you!
　　　　c) No problem.
　　　　d) You bet!

(9)　a) Nothing is the matter.
　　　　b) That's quite another matter.
　　　　c) It doesn't matter.

　　d) It's the matter of time.

(10)　a) Yes, I don't care about it.
　　b) Yes, I smoke.
　　c) No, go ahead.
　　d) No, you don't need a visa.

解答と解説

《演習 8》
[放送の内容]
(1)　Do you have anything to declare?
(2)　How would you like to pay?
(3)　My soup is cold.
(4)　How much is it?
(5)　What time will we reach Nagoya?
(6)　Is this your first visit to Korea?
(7)　What kind of currency is used in Malaysia?
(8)　We'll have a wedding party in Hawaii.
(9)　What's the matter with you?
(10)　Do you mind if I smoke here?

■解 答■　(1)–d)　　(2)–d)　　(3)–a)　　(4)–a)　　(5)–d)
(6)–b)　　(7)–c)　　(8)–a)　　(9)–a)　　(10)–c)

(1)　「申告するものがありますか」

解説　空港の税関検査所で係官が旅行者に対して「申告するものがある
かどうか」を質問しています。これに対して旅行者は申告するものが「あ
る」または「ない」のいずれかの応答が必要なので、**d**) No, I have noth-
ing to declare.「いいえ、申告するものは何もありません」が正解です。
単に Nothing to declare. とも言います。declare「申告する」。

　a)「いいえ、タバコは吸いません」。税関検査所ではたばこを吸うか吸
わないかを質問されません。

　b)「はい、どうぞ」。人から許可を求められ、その返答として用いる表
現です。(⇒《出題例 8》(67) p. 169)。

c)　「ドアを開けていただけますか」。人に対して丁寧に依頼する時に用いる表現です。Would you mind + (doing)?「(...して)いただけますか」。この質問に対して「いいですよ」は、No, not at all. または Certainly not. や Of course not. と言います。通常は簡単に Sure. や Certainly. または Of course. と言います。「いいえ、困ります」は、I'd prefer it if you didn't. または I'm sorry, but (I feel cold.) などと言います。

(2)　「お支払はどのようになさいますか」

　[解説]　ホテルなどでチェックイン(宿泊手続き)する時、宿泊予定者に対して「支払方法」(How do you want to pay?) を尋ねます。これに対して宿泊予定者は「現金」か「クレジットカード」または「トラベラーズチェック」などのいずれかの「支払方法」を返答する必要があります。正解は d) By credit card.「クレジットカードで(支払います)」です。(I'll pay) by credit card. を省略した表現です。pay by check「小切手で支払う」。

a)　「トラベラーズチェックで(支払います)」。正しくは (pay) by traveler's checks と言います。

b)　「サインで(支払います)」。何に対してサインするのか不明です。signature「サイン」。英語の sign は「サインをする」という動詞です。

c)　「現金で(支払います)」。正しくは (pay) in cash、または (pay) by cash と言います。cf. sell for cash「現金で売る」。buy with [for] cash「現金で買う」。

(3)　「僕のスープは冷めています」

　[解説]　レストランで客が給仕に対してスープが冷めていると「苦情」を述べています。これに対して給仕は「謝罪する」必要があるので、正解はa) I'm terribly sorry.「大変申し訳ございません」です。日本語の「すみません」を英語で表現する場合、「謝罪」は I'm sorry. を、「感謝」は Thank you. を、「人への呼びかけ」は Excuse me, but ... などを用います。

b)　No problem. という表現は主として次のような場合に用います。〈1〉(依頼に対して)承知しました；〈2〉(お礼に対して)どういたしまして；〈3〉(質問に対して)大丈夫です。いずれも苦情に対する対応にはなりません。

c)　「はい、そうです」。苦情に対する返答にはなりません。

d)　「それはいいことだ」。苦情を述べる人に対しては失礼な返答です。

(4) 「おいくらですか」

解説　買物をする時、客が「値段」を尋ねています。これに対して店員は金額を答える必要があるので、正解は **a**) That comes to $95, including tax.「税込みで95ドルです」になります。How much is it?「おいくらですか」。come to ...「(合計などが ... に)達する、(... に)なる」: What does that come to?「全部でいくらですか」。including〈前〉「 ... を含めて」。反意語は excluding「 ... を除いて」です。tax「税金」。

　b)　「どういたしまして」。

　c)　「お金は十分持っていません」。

　d)　「クレジットカードは使いたくありません」。

(5) 「名古屋には何時に到着しますか」

解説　What time ...?「何時に ... か」と尋ねているので、応答は「時刻」を教えるものでなければいけません。正解は **d**) At 7:30.「7時30分です」になります。これは、We'll reach [get to] Nagoya at seven thirty. の前半を省略した表現です。

　a)「駅で」、b)「5番ホームから」、c)「切符を2枚ください」はいずれも「時刻」を答えていません。

(6) 「韓国へは初めてですか」

解説　韓国へ行くのは「初めてか」と尋ねられているので、応答は Yes/No のいずれかです。Is this your first visit to ...? という疑問文に対する答えは Yes, it is. / No, it isn't. のいずれかなので、正解は **b**) Yes, it is.「はい、初めてです」になります。

　a)　「どうぞこちらへ」。人を案内する時に用いる表現です。

　c)　「いいえ、あなたの物ではありません」。

　d)　「いいえ、違います」。Are you ...? という形の疑問文に対する応答です。

(7) 「マレーシアではどのような通貨を使っていますか」

解説　What kind of currency ...? とマレーシアでの「通貨」を尋ねています。これに対しては Yes/No ではなく「通貨名」を答えなければなりません。**c**) Ringgit.「リンギットです」が正解です。マレーシアの通貨を知らなくても消去法で解答可能です。ちなみに、リンギットのことを Malaysian dollar とも言います。

　a)　「クアラルンプール」はマレーシアの「首都」です。

　b)　「はい、使っています」。

d)　「いいえ、マレーシアに行ったことがありません」。

(**8**)　「ハワイで結婚パーティーを開きます」

解説　ハワイで結婚パーティーを開くと言われました。これに対しては「いつ？」(when) と聞くのが自然です。正解は **a**) When?「いつですか」です。When (do you have a wedding party in Hawaii)? を省略しています。have [give] a party「パーティーを開く」(open ではない)。Hawaii「ハワイ州；ハワイ島」(スペリングに注意すること)。

b)　「神のご加護を；お大事に」(= God bless you!)。くしゃみをした人に対して挨拶代わりに用いる表現でもあります。

c)　No problem. 上記の《演習 8》(3) の b) の解説を参照。

d)　「そうとも；いいとも；もちろん」。Are you going to the lakeside?「君は湖畔に行きますか」— You bet!「もちろん行くよ」。

(**9**)　「どうかなさいましたか」

解説　What's the matter with . . . ? は「身体の具合」または「困ったこと」について「どうしましたか」と尋ねる質問です。これに対する応答として可能なのは、**a**) Nothing is the matter.「どうもしません」のみで、これが正解です。Nothing is the matter with me. の最後が省略された表現です。「どうかなさいましたか」という表現は wrong「(具合が)悪い」を用いることもできます。What's wrong with you?— Nothing is wrong with me.

☆ matter にはいろいろな意味があります。

b)　「それは全く別な問題です」。matter〈名〉「問題、事件、事柄」。

c)　「別にかまいません」。matter〈動〉「(人にとって) . . . かどうか重要である」。否定文になっています。☆ Black Lives Matter. [BLM]「黒人の命は大事だ」「黒人の命を守れ」などの意味です。Lives は life の複数形。2020 年 5 月下旬に白人警官が黒人男性を暴行死させた事件に対する抗議デモのスローガン。翌年 3 月、遺族とは 29 億円で和解する。

d)　「それは時間の問題です」。a matter of time「時間の問題」。

(**10**)　「ここでたばこを吸ってもよろしいでしょうか」

解説　特定の場所での「喫煙の許可」を求めています。これに関しては「許可」または「拒否」のいずれかの返答が必要です。Do you mind if . . . ?「. . . したら迷惑ですか、. . . しても差し支えないですか」の形の疑問文の答え方には注意が必要です。「はい(どうぞ . . . してください)」と言う場合は No、「いいえ(いやです)」と言う場合が Yes になり、日本語と

は逆になるのです。正解は **c**) No, go ahead. 「はい、どうぞ(吸ってく
ださい)」です。許可する場合の答え方として、他に No, not at all. / Cer-
tainly not. / Of course not. などとも言います。

　a)　「いいえ、気にしません」。上述のように、Yes で答えると「許可」
ではなく「拒否」することになるので、後半の「気にしません」と矛盾す
ることになります。No, I don't care about it. とすれば対話が成立しま
す。

　b)　「はい、たばこを吸います」。タバコを吸うかどうかを尋ねてはいま
せん。

　d)　「いえ、ビザは不要です」。ビザに関する対話ではありません。

第9章　状況把握の問題

出題傾向

　観光英語検定試験が実施されて以来毎年出題されています。特定のテーマに基づいた放送の内容を理解しながら聴き取り、その内容についての質問に対する適切な答えを選ぶ問題です。

◆出題の形式

　例年 10 問が出題されており、すべて「四肢択一」の客観問題です。

(1)　英語の会話文やアナウンスが放送されます。

(2)　続いてその内容に関する英語の質問が放送されます。

(3)　質問の答えとして最適なものを、問題用紙に印刷された a)、b)、
　　　c) および d) のうちから 1 つ選びます。

◆出題の内容

　年度によって、全問が会話文による出題の場合と、1 問程度が会話以外のアナウンスになっている場合があります。最近の出題された内容をジャンル別に分けると以下のようになります。

(1)	エアライン	搭乗手続きカウンターでの荷物預け、入国審査、税関審査、機内での荷物置き場、機内でのヘッドセットの依頼、空港からの電話等
(2)	ホテル	ホテルの予約、ベルボーイへの依頼 (荷物運搬)、ハウスキーパーへの依頼(靴磨き)、会計の間違い
(3)	レストラン	食べ物の注文、ファーストフード店での注文、朝食の注文
(4)	ショッピング	土産物店の所在地、甥(男子)への土産物
(5)	交通機関	列車の運行時間、タクシーでの所要時間、バスの運行回数
(6)	観光・旅行	観光の所要時間、展望台からの景色
(7)	通信・銀行	電話の使用、インターネットカフェ
(8)	娯楽・レジャー	博物館での撮影禁止、入場券の購入、ショー

の開始時間、博物館の開館時間

（9）	病気・医薬	身体の具合（長旅の疲れ）、飛行機酔い
(10)	その他	道案内、館内の案内等

出　題　例

【出題例 9】

　次の会話やアナウンスを聴いて、それぞれの内容に関する質問の答えとして最も適切なものを a)、b)、c) および d) の中から一つずつ選びなさい。問題はすべて 2 回放送されます。

(71)　a) In the theater.　　　　b) In the bus.
　　　c) In the plane.　　　　d) In the cafeteria.

(72)　a) In the restaurant.
　　　b) In the coffee shop.
　　　c) In the banquet room.
　　　d) In the hotel guest room.

(73)　a) Apple juice and coffee with fresh milk.
　　　b) Orange juice and coffee with fresh milk.
　　　c) Cornflakes with milk and tea.
　　　d) Orange juice and black coffee.

(74)　a) Four dollars and fifteen cents.
　　　b) Four dollars and five cents.
　　　c) Five dollars and four cents.
　　　d) Five dollars and fifteen cents.

(75)　a) Bell person.　　　　　b) Hotel manager.
　　　c) Taxi driver.　　　　　d) Clerk.

(76)　a) At the Travel Insurance Company.
　　　b) At the Tour Company Office.

    c) At the Tourist Organizations.
    d) At the Business Center.

(77) a) Near the elevator.
    b) Behind the elevator.
    c) In the post office.
    d) In front of the post office.

(78) a) Three dollars.　　　b) Four dollars.
    c) Five dollars.　　　d) Six dollars.

(79) a) He got a little bit airsick.
    b) He caught a slight cold.
    c) He is a little tired from his journey.
    d) He is sick in the car.

(80) a) In the morning.　　　b) In the afternoon.
    c) In the evening.　　　d) On the weekend.

解答と解説

【出題例 9】
［放送の内答］

(71)　A: Excuse me. Where can I put my bag? May I put it here?
　　　B: You may put your baggage under your seat.
　　　A: Sorry. There is not enough room under my seat.
　　　B: Why don't you put it in the overhead bin?
　　　A: Thank you.
　　　Question: Where does this conversation take place?

(72)　A: I'd like to check out now.
　　　B: Do you need a bellboy?
　　　A: Yes, please send him up to room 123.

B: How many pieces of baggage do you have?

A: Three.

B: OK. I'll send the bellboy up right now.

Question: Where is she now?

(73) A: What would you like to order?

B: I'd like to order à la carte. I want orange juice, cornflakes with milk and pancakes with honey.

A: Do you prefer coffee or tea?

B: Could I have coffee with fresh milk?

A: Certainly.

Question: What beverage did this person order?

(74) A: Would you put this doll in a box as a gift?

B: There is an extra charge for boxes. Would that be all right?

A: How much is it?

B: Four dollars and five cents.

A: That's OK. Would you gift-wrap it, please?

Question: How much does this person pay for the doll-box?

(75) A: Hello. Could you take us to the National Museum, please?

B: All right. How many people?

A: Four.

B: Please use the spare seat in front. The rear seat is only for three.

A: OK. . . is it far from this hotel?

B: No. It's not so far.

Question: Who are they talking to?

(76) A: Which tour are you interested in?

B: The Yosemite Park Tour.

A: OK. For two persons?

B: Yes, sir.

A: Alright. That'll be $240.00.

B： By the way, can you come from your agency and pick us up at our hotel?

A： Certainly. Keep this receipt, and please be in the lobby at 6:30 am.

Question： Where does this conversation take place?

(77) A： Excuse me, sir. Where can I get stamps?

B： You can get them from the stamp vending machine.

A： Where is the machine?

B： It's near the elevator over there.

A： Thanks. . . Where shall I mail it?

B： The mailbox is just in front of this post office.

A： Thank you.

Question： Where is the mailbox?

(78) A： How much is the admission fee?

B： Three dollars for adults and two dollars for children.

A： Two adults, please.

B： Six dollars, please.

A： Yes. Here you are.

Question： How much is the admission fee for two children?

(79) A： What's the problem?

B： Nothing serious.

A： I think you are very tired from your long trip.

B： I think so, too.

A： I hope you'll get better soon.

Question： What is wrong with this person?

(80) [News reader]

This morning will be mostly sunny with temperatures in the high twenties. Clouds may appear in the afternoon and it will likely begin to rain a little in the late evening. The rain will probably continue through the weekend.

Question：　When will the rain start?

■**解　答**■　(71)–c)　　(72)–d)　　(73)–b)　　(74)–b)　　(75)
–c)　　(76)–b)　　(77)–d)　　(78)–b)　　(79)–c)　　(80)–c)

(71)　A：　すみません。かばんはどこに置けばよいのですか。ここに置い
　　　　　　てもよろしいですか。
　　　　B：　手荷物は座席の下に置いてください。
　　　　A：　すみませんが、座席の下には置ける余地がないようです。
　　　　B：　頭上の棚に置けばどうでしょうか。
　　　　A：　どうも。
　質問：　会話が交わされている場所はどこですか。

　解説　A は手荷物をどこに置いたらよいか（Where can I put my
bag?）尋ねています。これに対して B は「座席の下」（under your seat）
を指示し、A が「場所の余裕がない」（There is not enough room . . .）
と答えると、さらに「頭上の荷物入れ」（overhead bin）に入れるように
指示しています。このような状況から、乗客と客室乗務員の間の会話だと
考えられ、正解は **c)** In the plane.「機内です」になります。

　Why don't you (do)?「（. . .して）はどうですか」。勧誘・提案などを
表す時に用います。overhead bin「（飛行機の）頭上の荷棚」。overhead
compartment とも言います。take place「（物事が）起こる；（行事が）行わ
れる」。

　a)「劇場内です」。b)「バスの車中です」。d)「カフェテリア内です」。

(72)　A：　今からチェックアウトしたいのですが。
　　　　B：　ベルボーイを行かせましょうか。
　　　　A：　ええ、123 号室まで来させてください。
　　　　B：　お荷物はいくつですか。
　　　　A：　3 個です。
　　　　B：　承知しました。すぐにベルボーイを行かせます。
　質問：　現在、彼女がいる場所はどこですか。

　解説　A は最初のセリフで「チェックアウト」（check out）を希望し
ています。これに対して「ベルボーイ」（bellboy）が必要かどうかを尋ね
ています。この 2 点から、これがホテルでの会話だとわかります。さらに
A は「123 号室まで彼（ベルボーイ）を上がって来させてください」（please
send him up to room 123）と依頼しています。したがって、正解は **d)** In

the hotel guest room.「ホテルの客室内です」になります。

check out「(ホテルの)勘定を払って出る」。米国では「(スーパーなどで)勘定を済ませる」の意味にも使います。bellboy「(ホテルなどの)ボーイ」(= bellhop)。女性の場合 bellgirl と言いますが、現在では男女の区別なく bell person を用いることもあります。send＋人＋(to＋場所)「(人)を...のところへ行かせる」。How many pieces of baggage do you have?「荷物はいくつお持ちですか」。baggage は不可算名詞なので How many baggages...? とは言いません。right now「たった今、すぐに」(= right away)。

a)「レストラン内です」。b)「喫茶店内です」。c)「宴会場内です」。

(73)　A: ご注文は何になさいますか。
　　　B: アラカルトで注文します。オレンジジュース、ミルクをかけたコーンフレーク、蜂蜜付きのパンケーキをお願いします。
　　　A: コーヒーそれとも紅茶のどちらがよろしいですか。
　　　B: ミルク入りのコーヒーをください。
　　　A: かしこまりました。

　質問: この人が注文した飲物は何ですか。

解説　質問は beverage「飲物」の注文について尋ねています。まず注文を尋ねられた時に orange juice「オレンジジュース」を頼んでいます。さらに、「コーヒーか紅茶のどちらがいいか」と尋ねられて coffee with fresh milk「ミルク入りのコーヒー」と答えているので、b)「オレンジジュースとミルク入りのコーヒーです」が正解です。

order「注文する」。cf. order〈名〉「注文」: May I have [take] your order, please?「ご注文を承ります」。à la carte〈形〉〈副〉「アラカルトで[一品料理で]」: an à la carte dinner「アラカルトのディナー」; We dined à la carte.「アラカルトで食事した」。ちなみに、コースの食事は table d'hôte と言います。prefer A to B「BよりAを好む」。Could I have ～?「～をくださいますか」は物を頼む時の丁寧な表現です。たとえば、「相手の名前を聞く」場合 What's your name? と言うよりは、Could I have your name, please? のほうが丁寧です。fresh「新鮮な、新しい」。

a)「リンゴジュースとミルク入りのコーヒーです」。
c)「ミルクをかけたコーンフレークと紅茶です」。
d)「オレンジジュースとブラックコーヒー(ミルクを入れないコーヒー)です」。

(**74**)　A：この人形を贈り物用に箱に入れてくださいますか。

　　　　B：箱代は別料金がかかります。それでもよろしいですか。

　　　　A：おいくらですか。

　　　　B：4 ドル 5 セントです。

　　　　A：結構です。贈り物用に包んでください。

　質問：　この人は人形の箱代としていくら支払いますか。

　■解 説　A が人形を贈り物用に箱に入れてくれるように頼んだのに対し、B は人形を入れる箱代は別料金 (an extra charge for boxes) がかかることを伝えています。これを受けて A は How much is it? と尋ねているので、これに対して B が答えている金額がすなわち質問の答えです。正解は **b**) Four dollars and five cents.「4 ドル 5 セントです」。数字を正確に把握することがポイントです。

　extra charge「追加料金」(= additional charge)。gift-wrap「(リボンを巻いたりして)贈り物用に包装する」。ちなみに、「進物の包装」は英米では通常は別料金で支払います。

　a）「4 ドル 15 セントです」。

　c）「5 ドル 4 セントです」。ドルとセントの数字が逆です。

　d）「5 ドル 15 セントです」。

(**75**)　A：すみません。国立博物館までお願いできますか。

　　　　B：いいですよ。何人ですか。

　　　　A：4 人です。

　　　　B：前の補助席を使ってください。後部座席は 3 人掛けなのでね。

　　　　A：わかりました ... このホテルからは遠いですか。

　　　　B：いいえ、そんなに遠くはないですよ。

　質問：　彼らが会話している相手は誰ですか。

　■解 説　最初に A が「国立博物館まで連れて行ってくれますか」(Could you take us to . . . ?) と依頼します。B がこれに対して「何人いるのか」(How many people?) と質問します。A が「4 人だ」と返答すると、一人は「前方の補助席」(the spare seat in front) に座るように B が指示しています。A が「このホテルから遠いか」と尋ねていることから、ホテルの前でタクシーに乗り込むという状況が浮かんできます。正解は **c**) の Taxi driver.「タクシー運転手」です。

　spare seat「補助席」。cf. jump seat「(折りたたみ式の)補助座席」(機内で客室乗務員が座る席など)。rear seat「後部座席」。反意語は front seat「前部座席」です。

　　a)「ベルパーソン」はホテルのボーイのことです。b)「ホテルマネージャー」。d)「従業員」。

(**76**)　A: どのツアーに興味がおありですか。

　　　　B: ヨセミテ公園のツアーです。

　　　　A: わかりました。お二人ですね。

　　　　B: はい、そうです。

　　　　A: 承知しました。240 ドルになります。

　　　　B: ところで、代理店から私たちのホテルまで迎えにきてもらえますか。

　　　　A: もちろんです。この領収書を取っておき、午前 6 時 30 分にロビーにおいでください。

　　質問:　この会話はどこで交わされているのですか。

　　解 説　A は「どのツアーに興味があるのか」(Which tour are you interested in?) と尋ね、さらに For two persons? と「参加人数」を確認した上で、That'll be $240.00. と「観光費用」($240.00) を知らせます。このような状況から、旅行者と旅行会社の係員の間の会話であることが理解できます。また、B の発言中に agency「代理店」という語があるのもヒントになります。選択肢の英語をみると、**b**) の At the Tour Company Office.「観光旅行会社の事務所にて」が正解です。

　　Yosemite「ヨセミテ」は米国カリフォルニア州東部のシエラネバダ (Sierra Nevada) 山脈中の渓谷です。その一部がヨセミテ国立公園に指定されています。agency「代理店」: travel agency「旅行代理店、旅行社」。cf. travel agent「旅行業者」。pick up「(車に)乗せる、(車で)迎えに行く」。反意語は drop「降ろす」です。be「(...へ)行く、(...へ)来る」。

　　a)「旅行保険会社にて」。保険会社では観光業務に関しては対応しません。

　　c)「観光協会にて」。通常は日本観光協会、または日本観光通訳協会などの特定の名称があります。

　　d)「ビジネスセンターにて」。ビジネスセンターは通常ホテルなどに設けられ、宿泊者の事務的な用件(例: コピーをとる、航空券の再確認のため電話をするなど)を処理する所です。

(**77**)　A: すみません。切手はどこで買えますか。

　　　　B: 切手自動販売機で買えます。

A：販売機はどこですか。

B：向こうのエレベーター近くです。

A：どうも ...どこで投函するんですか。

B：ポストはこの郵便局のすぐ前です。

A：ありがとう。

質問：　ポストはどこにありますか。

解説　会話の前半で「向こうのエレベーターの近くです」（It's near the elevator over there.）とありますが、これは「切手自動販売機」（stamp vending machine）の位置なので混同しないようにしましょう。「どこで投函するのか」（Where shall I mail it?）という問いに対する答えがポストの場所です。The mailbox is just in front of this post office.「ポストは郵便局のすぐ前にある」と返答しているので、正解は、**d**) In front of the post office.「郵便局の前です」になります。「前置詞」（near/behind/in）と「前置詞句」（in front of）を把握することがポイントです。

　stamp「（郵便）切手」。postage stamp とも言います。vending machine「自動販売機」。vendor［vender］とも言います。mail〈動〉「郵送する、投函する」（=〈英〉post）。cf. mail〈名〉「郵便、郵便物」：by mail「郵便で」（=〈英〉by post）。mailbox〈米〉「ポスト、（個人の）郵便受け」。英国では「ポスト」は postbox, pillar box と言い、「（個人の）郵便受け」のことは letter box と言います。

　a)　「エレベーター近くです」。エレベーター近くにあるのは切手自動販売機です。

　b)　「エレベーターの後ろです」。

　c)　「郵便局内です」。

（78）　A：入場料はいくらですか。

B：大人は 3 ドル、子供は 2 ドルです。

A：大人 2 人、お願いします。

B：6 ドルになります。

A：はい。どうぞ。

質問：　子供 2 人の入場料はいくらですか。

解説　A が最初に「入場料」（admission fee）を尋ねたのに対し、「大人 3 ドル、子供 2 ドル」（three dollars for adults and two dollars for children）と返答しています。会話中では「大人 2 人」の値段である 6 ドルが出てきますが、質問が「子供 2 人」の値段を尋ねていることに注意が

必要です。「2 ドル×2 人＝4 ドル」なので、**b)** Four dollars.「4 ドル」が正解です。

admission fee「入場料」(= entrance fee)。単に admission とも言います。What's the admission (fee)?「入場料はいくらですか」(= How much is the admission (fee)?) — Admission to the museum is \$5.「この博物館への入場料は 5 ドルです」。Here you are.「はい、どうぞ」は代金などを差し出す時の慣用表現です。

a)　「3 ドル」は大人の料金です。
c)　「5 ドル」は大人 1 人と子供 1 人の合計の料金です。
d)　「6 ドル」は大人 2 人分の料金です。

(79)　A：　どうしたの？
　　　　B：　たいしたことはないよ。
　　　　A：　長旅のせいでとても疲れているんだと思うわ。
　　　　B：　僕もそう思うよ。
　　　　A：　早くよくなるといいいわね。
　質問：　この人はどうしたのですか。

　| 解 説 |　B が「あなたは長旅のせいでとても疲れているのだと思う」と述べたのを受けて I think so, too.「私もそう思います」と答えているので、**c)**「旅行のせいで少々疲れています」が正解です。本文の trip と選択肢にある journey が同意語であることに気づくことがポイントです。

What's the problem?「どうかしたの」。What's the matter (with you)? や What's wrong with you? と同じような意味です。(It's) Nothing serious.「たいしたことではありません」。be tired from . . .「. . . で疲れている」。get better「(病気などから)回復する、よくなる」。

a)　「少し飛行機に酔いました」。
b)　「少し風邪を引きました」。
d)　「彼は車に酔っています」。

(80)　ニュース・アナウンサー：
　　　　「午前中はほぼ晴天で、気温も 20 度台と高くなるでしょう。午後からは雲が出て、夕方遅く少々雨が降り始める模様です。雨はおそらく週末中は続くでしょう」
　質問：　雨の降り始めはいつごろでしょうか。

　| 解 説 |　ポイントは天候とその変化です。「午前」は晴天ですが「午後」は曇ります。特に「夕方遅く」の天候は雨模様 (it will likely begin to

rain a little in the late evening) だと予報していることを的確に把握することです。正解は **c**) In the evening.「夕方に」です。

　sunny「(空が)よく晴れた」。temperature「気温」。cloud「雲」。appear「(雲が)出る、現れる」。反意語は disappear「消える」です。likely「たぶん、おそらく」。a little「少し」。in the late evening「夕方遅くなって」。probably「たぶん、おそらく」。continue「続く」。

　a)「朝方に」。b)「午後に」。d)「週末に」。

演習問題

《演習 9》

　次の会話を聴いて、それぞれの内容に関する質問の答えとして最も適切なものを a)、b)、c) および d) の中から一つずつ選びなさい。問題はすべて 2 回放送されます。

(1)　a) A hotel front desk clerk.
　　　b) A policeman.
　　　c) A customs inspector.
　　　d) An immigration officer.

(2)　a) He wants his room cleaned.
　　　b) He wants some room service.
　　　c) He wants to keep his room till ten o'clock.
　　　d) He wants to have his shoes polished.

(3)　a) In a bar.
　　　b) In a park.
　　　c) In a fast food restaurant.
　　　d) In a hotel lobby.

(4)　a) The tourist wishes to play a game.
　　　b) The tourist plans to buy a gift for himself.
　　　c) The tourist wants to buy a souvenir for his nephew.
　　　d) The tourist is fond of renting a video.

(5)　a) One.　　　　　　　b) Two.
　　　c) Three.　　　　　　d) Four.

(6)　a) Crossing a bridge.
　　　b) Getting on a bus.
　　　c) Arriving at a restaurant.
　　　d) Climbing a church tower.

(7)　a) A souvenir shop.
　　　b) A post office.
　　　c) A fast-food restaurant.
　　　d) An Internet café

(8)　a) 3:45.　　　　　　　b) 6:00.
　　　c) 4:15.　　　　　　　d) 4:30.

(9)　a) Wait until 8:05.
　　　b) Go to platform five immediately.
　　　c) Exchange your ticket at the counter.
　　　d) Go to the boarding platform right away.

(10)　a) At ten in the morning.
　　　b) At five in the afternoon.
　　　c) At two in the morning.
　　　d) Just after dinner time.

解答と解説

《演習 9》
［放送の内容］

(1)　A：Can I see your passport and landing card, please?
　　　B：Passport and . . .
　　　A：Landing card. That one there, the green one. Have you filled it in?

B: Filled it in? Yes, I did it on the plane. Here you are.

A: All right. And what is the purpose of your visit?

B: Sightseeing.

Question: Who is the tourist talking to?

(2) A: Can I help you?

B: I'd like to have my shoes polished for this evening.

A: Okay. Please leave them outside the door.

B: When can I have them back?

A: We'll give them back to you in ten minutes. Okay?

B: Good. Thanks.

Question: What does the guest want?

(3) A: May I help you?

B: I'd like a small order of onion rings . . .

A: OK.

B: And do you have any ketchup?

A: We sure do. Is that for here or to go?

B: For here.

Question: Where is the tourist?

(4) A: Can l help you?

B: Yes. I'm looking for a gift for a young boy, my nephew.

A: Does your nephew like video games?

B: Yes.

A: Well, this new game, "Alien Fighter" is really popular.

B: How much is it?

A: Forty two dollars.

Question: What does the tourist want to do?

(5) A: How often do the buses leave for downtown?

B: Every 15 minutes.

A: And the trip takes . . . ?

B: About twenty minutes, sometimes longer if traffic is heavy.

Question： How many buses are there each hour?

（6） A： Right up this way. . . Everyone here? The view from here
is really wonderful.

B： Wow. I can see the whole city. What is that down there?

A： The central market. It looks very colorful, doesn't it?

B： It sure does.

Question： What are the tourists most probably doing?

（7） A： This is my first time. How do things work here?

B： Well, we charge five dollars an hour for using the machines
and, of course, drinks are also extra. The menu's over there
on the board.

A： What if I just want to check my mail? It'll only take five
minutes.

B： We still charge for one hour.

A： All right. Is that machine free over there?

Question： Where is the tourist?

（8） A： Excuse me. What time does the show start?

B： The next one? Quarter to four.

A： And it goes until . . . ?

B： Half past four. And then the next one after that is at six.

A： Thank you.

Question： What time does the next show start?

（9） [announcement]

The train for Welland is being delayed due to the heavy snow.
The new departure time is eight fifteen, from platform nine.
Passengers to Welland, please proceed to platform nine at least
ten minutes before departure time. Last call for passengers to
Brantford, Lewiston and Port Eber. Those passengers going to
Brantford, Lewiston or Port Eber, please proceed immediately
to platform five.

Question:　If you are going to Lewiston, what should you do now?

(10)　A:　I've never stayed at a *ryokan* like this before. When can I use the hot spring bath?

　　　B:　You can use it any time of the day, but we close it for cleaning from 11 a.m. to 3 p.m. and from 1 a.m. to 3 a.m.

　　　A:　Does it get crowded?

　　　B:　It's usually quite busy in the early morning and just after dinner time.

　　　A:　Thanks.

　　　Question:　When is the bath not open?

■解　答■　(1)–d)　　(2)–d)　　(3)–c)　　(4)–c)　　(5)–d)　　(6)–d)　　(7)–d)　　(8)–a)　　(9)–b)　　(10)–c)

(**1**)　A:　旅券と入国カードを拝見できますか。

　　　B:　旅券と ...

　　　A:　入国カードです。そこにある、緑色の用紙です。記入してありますか。

　　　B:　記入したかですか。ええ、機内で記入しました。はい、どうぞ。

　　　A:　結構です。訪問の目的は何ですか。

　　　B:　観光です。

　　質問:　観光客が話している相手は誰ですか。

解説　A は「旅券と入国カード」(passport and landing card) の提示を求めて、「入国カードへの記入」(fill in the landing card) を確認しています。さらに「訪問の目的」(the purpose of your visit) について質問しています。観光客に対してこのような質問をするのは、**d**) An immigration officer.「出入国審査官」で、これが正解です。

　fill in「(必要事項を) 記入する、(空所に) 書き込む」(=〈米〉fill out)。Will you fill in your name on this paper?「この書類にお客さまの名前をご記入くださいますか」。Here you are.「(人に物を渡しながら) はい、どうぞ」。人に物を渡す時に用いる慣用表現です。Here it is. とも言います。purpose〈名〉「目的」: What is your purpose in going to Paris?「パリに行く目的は何ですか」(= For what purpose are you going to Paris?)。

sightseeing〈名〉「観光」: He went sightseeing in Paris.「彼はパリの観光旅行に出かけました」。cf. sightseeing〈形〉「観光の」。a sightseeing tour「観光旅行」。

　　a)「ホテルの受付係員」。b)「警察官」。c)「税関検査官」。
（2）　A:　ご用件を伺います。
　　　B:　今晩のために靴を磨いてほしいのです。
　　　A:　承知しました。ドアの外に置いてください。
　　　B:　いつ返してもらえますか。
　　　A:　10分後にお返しします。よろしいですか。
　　　B:　結構です。よろしく。
　質問:　客が希望しているのは何ですか。

解説　冒頭で Can I help you?「ご用は何ですか」と尋ねられて、I'd like to have my shoes polished「靴を磨いていただきたいのです」と答えており、これが客の希望の内容です。したがって、正解は **d**) He wants to have his shoes polished.「彼は靴を磨いてもらいたい」です。I'd like = I would like = I want であること、have＋名詞＋過去分詞「(名詞)を...してもらう」の文型の理解がポイントになります。polish「(靴を)磨く」(= shine)。ちなみに、日本のホテルでは磨いてほしい靴を「ドアの外に置く」(leave them [shoes] outside the door) ことがありますが、海外では盗難の恐れがあるのでハウスキーパーまたはメイドが受け取りに来ることが多いです。

　leave「置いておく」。outside「...の外に」。have ... back「(渡した物を)返してもらう」。give back「返す」。in ten minutes「10分後に」。in は時間の経過を表します。

　正解以外の選択肢もホテルでよく用いる表現で、3人称を1人称に換えれば幅広く活用できます。
　　a)　「彼は部屋を掃除してほしい」。
　　b)　「彼はルームサービスがほしい」。
　　c)　「彼は10時まで部屋をそのままにしてほしい」。
（3）　A:　いらっしゃいませ。
　　　B:　Sサイズのオニオンリングをください。
　　　A:　かしこまりました。
　　　B:　ケチャップはありますか。
　　　A:　もちろん、ありますよ。ここで召し上がりますか、それともお

　　　持ち帰りになさいますか。
　　B：　ここで食べます。
　質問：旅行者がいる場所はどこですか。

　解 説　会話の最後の部分で、Is that for here or to go? と尋ねられて For here. と答えています。for here or to go は「ここで食べるか、それとも持ち帰るか」という意味で、この表現はファーストフードの店で用いられる慣用表現です。したがって、正解は **c**）In a fast-food restaurant.「ファーストフード・レストランにて」です。

　for here の代わりに to eat here とも言います。Is this to eat here or to go?「ここで食べますか、それとも持ち帰りますか」。ちなみに、日本でもおなじみの「テイクアウト」は、米国では takeout ですが、英国では takeaway と言います。cf. take out「（食べ物を）持ち帰る」（=〈英〉take away）：I'd like some sandwiches to take out [take away].「持ち帰り用のサンドイッチをください」。I'd like ＝ I want。a small order of ...「...のSサイズ」。onion rings「オニオンリング」はタマネギの薄い輪切りをフライにした料理です。

　　a）「酒場にて」。b）「公園にて」。d）「ホテルロビーにて」。

（4）　A：　何かお探しですか。
　　B：　ええ、甥である男の子のための土産を探しています。
　　A：　甥御さんはテレビゲームはお好きですか。
　　B：　そうですね。
　　A：　では、この新製品の「エイリアン・ファイター」はとても人気が高いですよ。
　　B：　いくらですか。
　　A：　42 ドルです。
　質問：観光客は何をしたいのですか。

　解 説　冒頭で I'm looking for a gift for a young boy, my nephew.「私の甥である小さな男の子のための土産を探している」と言っており、さらに How much is it? と「値段」を尋ねています。したがって、**c**）「観光客は甥のためにお土産を買いたい」が正解です。本文にある gift と選択肢にある souvenir が同意語であることに気づくことがポイントです。人へのちょっとした「土産物」のことを表すのに、英語では gift や present をよく用います。souvenir は他人にあげるものに限らず、自分の思い出にとっておく物も含みます。

nephew「甥」。反意語は niece「姪」です。ちなみに、cousin「いとこ」
は男性・女性のいずれにも使います。video game「テレビゲーム」。
　a)　「観光客はゲームをしたい」。
　b)　「観光客は自分自身のために土産を買いたい」。
　d)　「観光客はビデオを借りたい」。
(5)　A:　中心街行きのバスはどのくらいの間隔で出発しますか。
　　　B:　15 分おきです。
　　　A:　そして所要時間は ...?
　　　B:　約 20 分です。交通量が多ければもっと時間がかかるときもあり
　　　　　ます。
　質問:　1 時間に何本のバスが運行していますか。

解説　「バスの運行頻度」(How often . . . ?) を尋ねられて Every 15
minutes.「15 分ごと」だと返答しています。この返答の意味を理解するこ
とがポイントです。つまり、バスは 1 時間 (60 分) に 4 本走行します。し
たがって、正解は d) Four.「4 本」です。
　How often 〜? は物事の頻度を聞く時に用いる表現です。How often
do you go to the library?「図書館にはどのくらい行きますか」— Once
a week or so.「週 1 回ほどです」。leave (for)「(〜に向けて)出発する」。
take＋時間「(時間が)かかる」。trip はここでは、「バスに乗って中心街
(downtown) に行くこと」を指しています。traffic「交通(量); 通行」。
heavy「(交通量が)多い、激しい」。反意語は light「(量が)少ない」です。
(6)　A:　どうぞこちらへ登って来てください ... 皆さんおそろいですか。
　　　　　ここからの展望は最高ですよ。
　　　B:　すごい、町の全景が見られますよ。あの下にあるものは何です
　　　　　か。
　　　A:　中央市場です。色とりどりな光景ですね。
　　　B:　本当ですね。
　質問:　観光客はおそらく何をしているのでしょうか。

解説　Everyone here?「全員ここにいますか」の部分から、この会話
はツアーガイドと観光客の間で交わされているものと考えられます。right
up this way「こちらへ登って来てください」、The view from here is
really wonderful.「ここからの眺めは最高です」、I can see the whole
city.「町の全景が見えます」、What is that down there?「その下にある
ものは何ですか」といった発言があることから、どこか高いところから下

を見渡しているのだと想像できます。選択肢を検討すれば **d**) Climbing a church tower.「教会の塔に登ること」しか当てはまらないので、これが正解です。

　view「眺め、風景、展望」は特定の場所からの景色のことです。whole「すべての、全体の」。定冠詞の後に続き、単数名詞の前に用います。the whole building「建物全部」。cf. all「すべての」: All the tourists climbed a church tower.「観光客全員は教会の塔に登りました」。central「中央の、中心の」。climb「登る」(最後の b は発音しません) は「自分の手足」を使って登ることです。「エレベーターなど」で登る場合は go up を用います。We went up Tokyo Tower.「私たちは東京タワーに登りました」。

　a)「橋を渡ること」。b)「バスに乗ること」。c)「レストランに着くこと」。

(**7**)　A:　初めてなのですが、ここではどのような仕組みになっていますか。

　　　　B:　そうですね、マシーンの使用について 1 時間につき 5 ドルいただきます。もちろん飲物は別料金です。メニューは向こうのボードにあります。

　　　　A:　僕のメールをチェックするだけならどうですか。5 分しかかかりませんよ。

　　　　B:　それでも、1 時間分をいただいているんです。

　　　　A:　わかりました。あちらのマシーンは空いてますか。

　質問:　観光客がいる場所はどこですか。

　解説　どのような machine が置いてある場所であるかを把握することがポイントです。「自分あてのメールをチェックする」(check my mail) という表現が出てくることから、この machine はコンピュータを指しています。「飲物は別料金」(drinks are also extra) や「メニュー」といった部分から、この場所は **d**) An Internet café.「インターネット・カフェ」であると判断でき、これが正解です。

　How do things work here?「ここではどのような仕組みになっていますか」。海外での不慣れなカフェテリアなどに入った時に用いることのできる慣用表現です。Let's eat at the cafeteria today.「今日はカフェテリアで食事しよう」— Fine. How does it work?「いいよ。どうすればいいのですか」。charge〈動〉「(料金を)請求する」: The hotel charged me $200 for one [per] night.「そのホテルで 1 泊 200 ドル請求されました」。an hour「1 時間につき」(= per hour)。free「空いた、使用されていない」。free には「無料の」の意味もあります。free ticket「無料券、無料切符」。Admission Free.「入場無料」(掲示)。

　a)「土産物店」。b)「郵便局」。c)「ファーストフード・レストラン」。

(**8**)　A:　すみません。ショーは何時に始まりますか。

　　　　B:　次回のショーですか。4 時 15 分前です。

　　　　A:　それで、何時まで続きますか。

　　　　B:　4 時 30 分までです。そして、その次の回のショーは 6 時からです。

　　　　A:　ありがとう。

　質問:　次のショーは何時に始まりますか。

　| 解 説 |　ポイントは「時間を表す表現」を正確に聴き取ることです。冒頭で、A が What time does the show start? と「ショーの開始時間」を質問しています。これに対して The next one (= show)? Quarter to four. と答えているので、この部分が質問の答えになります。quarter to four「4 時 15 分前」とは 3 時 45 分のことなので、**a**) が正解です。

　past〈前〉「(時間)を過ぎて」。米国では after も用います。at half past [after] six「6 時半に」。to〈前〉「(時間) ... の前」。米国では before, of を用いることもあります。at five minutes to [before] six「6 時 5 分前に」。quarter「15 分 (1 時間 hour の 4 分の 1)」: at quarter to six「6 時 15 分前に」。

　b)　「6 時です」。これは次の次の回のショーの開始時間です。

　c)　「4 時 15 分です」。4 時 15 分前と混同しないことです。

　d)　「4 時 30 分です」。3 時 45 分に始まり 4 時 30 分まで続く、とあります。

(**9**)　[アナウンス]

　　　　「ウェランド行きの列車は豪雪のために遅れています。新しい出発時刻は 9 番ホームより 8 時 15 分です。ウェランド行きのお客さまは、少なくとも出発時刻の 10 分前に 9 番ホームまでお進みください。ブラントフォード、ルイストン、ポートエバーに向かうお客さまへの最終呼び出しとなります。ブラントフォード、ルイストン、ポートエバーに向かうお客さまは直ちに 5 番ホームまでお進みください」

　質問:　もしルイストンに行くとすれば、今すべきことは何ですか。

　| 解 説 |　ポイントは「数字」に関して正確に聞き取ることです。ここでは

「駅名の固有名詞」に関する聞き取りも大切です。名詞をそのまま記憶することは難しいので「頭文字」（例：Lewiston は "L"）だけをメモすることも一法です。ポイントはルイストン（Lewiston）に行く列車に乗車する「プラットホームの番号」を正確に聴解できることです。passengers going to . . . Lewiston . . . , please proceed immediately to platform five と言っているので、**b**）Go to platform five immediately.「すぐに 5 番ホームへ進むこと」が正解です。passenger（to . . .）「（. . . 行きの）乗客」。proceed to . . .「. . . まで進む」。immediately「すぐに」（= at once）。

　be delayed「遅れる」。due to 〜「〜のために、〜の原因［理由］で」（= because of）。heavy snow「豪雪」。departure time「出発時刻」。反意語は arrival time「到着時刻」です。platform「（駅の）プラットホーム」（=〈米〉track）：Platform No. 3「3 番ホーム」（=〈米〉track 3）。cf.「（列車の）デッキ、乗降口」の意味もあります。last call「最終の呼び出し」。

　a）「8 時 5 分まで待つ」。

　c）「カウンターで切符を交換する」。

　d）「すぐに乗車ホームへ進む」だけでは不十分で、ホームの番号を伝える必要があります。

（**10**）　A：　このような旅館に宿泊するのは初めてなんです。温泉が利用できるのはいつですか。

　　　　B：　いつでもご利用いただけますが、掃除のために一時閉鎖する時間帯がございます。午前 11 時から午後 3 時、そして午前 1 時から午前 3 時の間です。

　　　　A：　混み合いますか。

　　　　B：　通常、早朝と夕食直後がかなり混みます。

　　　　A：　どうも。

　質問：　温泉が閉鎖されているのは何時ですか。

　解説　ポイントは「時刻を表す数字」を正確に聞き取ることです。また、a.m.（午前）と p.m.（午後）の意味を把握することも大事です。質問は温泉が「開いていない」（not open）時間を尋ねていますが、これは本文では close「閉める」という表現になっているので注意が必要です。We close the hot spring bath for cleaning「掃除のために温泉を閉鎖します」という部分の後に、from 11 a.m. to 3 p.m.「午前 11 時から午後 3 時まで」と from 1 a.m. to 3 a.m.「午前 1 時から午前 3 時まで」の二回あることが述べられています。選択肢にある時間のうち、これらの時間帯に入

る **c**) の At two in the morning.「午前 2 時」が正解です。午前 1 時から
午前 3 時までの閉鎖時間帯の中間にあります。

　a.m.［A.M.］「午前」。p.m.［P.M.］「午後」。通常は小文字を用います。
the 10:45 a.m. train「午前 10 時 45 分発の列車」のような使い方もでき
ます。get crowded「混む」（動作）。cf. be crowded「混んでいる」（状
態）。busy〈形〉「(場所が)にぎやかな、(人出が)混んでいる」。

　a)　「午前 10 時」は閉鎖時間帯「午前 11 時から午後 3 時」の直前です。

　b)　「午後 5 時」は閉鎖時間帯「午前 11 時から午後 3 時」の後です。

　d)　「夕食直後」は混雑している時間です。

第 10 章　観光・旅行事情の問題

出題傾向

　観光英語検定試験が実施されて以来毎年出題されています。海外または国内の観光事情・旅行事情に関する比較的長い「会話文」または「解説文」などが出題されていました。新ガイドラインでは「会話文」のみに変更されました。「語学面」だけでなく、観光事情・旅行事情の一般常識を問う「教養面」での力を試す出題です。

◆出題の形式

　例年、〔Part A〕と〔Part B〕の二つに分かれており、それぞれ 5 問ずつ、計 10 問の出題です。すべて「四肢択一」の客観問題です。

(1)　長めの「会話文」（または「解説文」）が放送され、続いて 5 つの質問が放送されます。

(2)　放送はネイティブスピーカーによって 2 回放送されます。

(3)　質問の答えとして最適なものを、問題用紙に印刷された a), b), c) および d) のうちから 1 つ選びます。

◆出題の内容

　英文の内容は、海外および日本の「観光情報」や「文化・習慣」についてです。ここ数年の出題例を挙げておきます。

〈1〉「会話文」
- 空港の入国審査(入国の目的・滞在先など)
- ショッピング(ブレスレットの購入、現金での購入法)
- 朝食の注文(Continental breakfast, American breakfast, English breakfast)
- 富士箱根伊豆国立公園(熱海・石廊崎を含む伊豆半島)
- 空港での荷物受取所(紛失荷物の処理)
- 日光国立公園(華厳の滝と東照宮)
- ホテルの宿泊(予約と朝食込みの室料)
- ホテルの宿泊(部屋に関する苦情)

〈2〉「解説文」
- 日本の国立公園(瀬戸内海国立公園・日光国立公園・霧島屋久国

立公園・釧路湿原国立公園）
- オーストラリアとイギリスのチップ制度
- 九州新幹線「つばめ号」

◎参考図書◎
『日本の観光』［英和対訳］（研究社刊、山口百々男著）
『和英：日本の文化・観光・歴史辞典』（三修社刊、山口百々男著）

出 題 例

【出題例 10】

音声⑨

　次の〔Part A〕と〔Part B〕の英語を聴いて、それぞれの内容に関する質問の答えとして最も適切なものを a)、b)、c) および d) の中から一つずつ選びなさい。問題はすべて 2 回放送されます。

〔Part A〕
(81)　a) One kind.　　　　　b) Two kinds.
　　　c) Three kinds.　　　d) Four kinds.

(82)　a) He ordered the Continental Breakfast.
　　　b) He ordered the English Breakfast.
　　　c) He ordered the American Buffet.
　　　d) He ordered coffee and some yogurt.

(83)　a) It includes bread, tea, and yogurt.
　　　b) It includes bread, coffee and juice.
　　　c) It includes bread, and a choice of sausage or ham.
　　　d) It includes bread, toast, coffee, eggs, and some vegetables and fruit.

(84)　a) Yes, as much as he wants.
　　　b) Yes, but only bread.
　　　c) No, it is not permitted.

        d) No, it is illegal.

(85)　a) Continental Breakfast.　　b) English Breakfast.
　　　c) American Breakfast.　　　d) Hot breakfast.

〔Part B〕
(86)　a) Three.　　　　　　　　b) Four.
　　　c) Five.　　　　　　　　 d) Six.

(87)　a) Coastal scenery.　　　　b) Mild.
　　　c) Pretty.　　　　　　　 d) Recreational.

(88)　a) Tsukumo Bay.　　　　　b) Sagami Bay.
　　　c) Tokyo Bay.　　　　　　d) Suruga Bay.

(89)　a) Many kinds of tropical trees and flowers.
　　　b) 3,000 fantastic rocks and minerals.
　　　c) Animals and insects living in a jungle.
　　　d) Various kinds of subtropical birds.

(90)　a) She has been to the National Park.
　　　b) They are at the National Park.
　　　c) He is giving information about the National Park.
　　　d) Both of them have never been to the National Park.

解答と解説

【出題例 10】
〔Part A〕
〔放送の内容〕
〔A: マネジャー　　B: 顧客〕
A:　Good morning, sir. Are you by yourself?
B:　Yes, I'm by myself.

A: All right. Please follow me.

....

A: Here's your menu. Will you let me know when you decide on your order?

B: Yes. Ah ... What is the continental breakfast like?

A: It includes bread, juice, and tea or coffee.

B: It doesn't sound like enough for me.

A: Well, how about an English breakfast?

B: English breakfast?

A: It's a hot breakfast including bacon, sausage, two eggs, tomato, and toast.

B: That sounds good but I feel like eating some fruit, too.

A: I see. So I recommend that you order the American buffet. It has a lot of selections such as bread, ham, sausage, bacon, eggs, vegetables, fruits, cereal, juice and tea or coffee. You won't be hungry till noon for sure.

B: Can I have some yogurt, too?

A: Yes. We have strawberry, blueberry, and plain.

B: That blueberry sounds good. I'll have the American breakfast.

A: Certainly, sir. You can help yourself over there. Would you care for tea or coffee?

B: Tea, please.

A: With cream and sugar?

B: Just plain tea, please.

A: Sure. I'll bring it to you right away.

B: Can I ask you a question?

A: Of course, sir.

B: Ah ... Can I possibly take some bread for my lunch? I'm going out of town sightseeing today.

A: I'm so sorry but it's not allowed.

B: OK.

Questions:

(81)　How many kinds of breakfast are there?

(82)　What did the guest order?

(83)　What is the continental breakfast like?

(84)　Can the guest take the food out of the restaurant?

(85)　If you want to eat a light meal, which breakfast is best?

■解　答■　(81)−c)　　(82)−c)　　(83)−b)　　(84)−c)　　(85)−a)

(81)　「朝食は何種類ありますか」

解説　本文では、continental breakfast, English breakfast, American buffet［breakfast］の 3 種の朝食が登場しています。正解は **c**)「3 種類」です。ちなみに、それぞれの朝食の内容は以下のようなものです。continental breakfast「コンチネンタル・ブレックファースト、ヨーロッパ［大陸］式朝食」はパン（バターまたはジャム付き）と飲物（コーヒーまたは紅茶、ジュースなど）から成る簡単な朝食です。イギリスを除くヨーロッパ諸国（フランス、イタリア、スペインなど）のホテルに多い朝食です。American breakfast「アメリカン・ブレックファースト、アメリカ式［風］朝食」は、パン、コーヒー、ジュースに加え、卵料理（ソーセージ、ハムまたはベーコン添え）から成る、ボリュームのある朝食です。English breakfast「イングリッシュ・ブレックファースト、英国式［風］朝食」は通常、ベーコンエッグなどの肉類を添えた卵料理、マーマレード［バター］付きのトースト、紅茶などに加えて、オートミールなどのシリアルから成ります。

(82)　「客は何を注文しましたか」

解説　客は I'll have the American breakfast.「アメリカン・ブレックファーストをください」と注文しています。選択肢を見ると、**c**) の American Buffet が同意と考えられるので、これが正解です。buffet「バイキング形式の食事」。客が並べてある料理を自由に取って食べることです。

　a)　「彼はコンチネンタル・ブレックファーストを注文しました」。

　b)　「彼はイングリッシュ・ブレックファーストを注文しました」。

　d)　「彼はコーヒーと少量のヨーグルトを注文しました」。

(83)　「コンチネンタル・ブレックファーストとはどのようなものですか」

解説　本文では、客が What is the continental breakfast like?「コンチネンタル・ブレックファーストとはどんなものか」と尋ねています。What ... like?「...はどんなものか」。それに対して給仕は It includes bread, juice, and tea or coffee.「パン、ジュース、それに紅茶かコーヒーが含まれます」と説明しています。したがって、**b**)「パン、コーヒーおよ

びジュースが含まれています」が正解です。

a)　「パン、紅茶、それにヨーグルトが含まれます」。

c)　「パンと、ソーセージまたはハムのいずれかが含まれます」。

d)　「パン、トースト、コーヒー、卵、および少量の野菜と果物が含まれます」。

(84)　「客は食べ物をレストランから持ち出せますか」

解説　最後の部分で客は Can I possibly take some bread for my lunch?「昼食用にパンを少し持ち出してもいいですか」と質問しています。possibly〈副〉「[疑問文で]何とか(...できるか)」は丁寧な依頼・要請を表します。これに対して給仕は I'm so sorry but it's not allowed.「申し訳ございませんが、それ(持ち出すこと)は許されません」と返答しています。したがって、**c)**「いいえ、許可されません」が正解です。allow「許可する」(= permit)。

a)　「はい。欲しいだけたくさん(持ち出せます)」。as much as「...するだけの多量のもの」。

b)　「はい。ただしパンだけです」。

d)　「いいえ、それは不法です」。illegal「違法の」。反意語は legal「合法の」です。「許されていない」とは言っていますが、法律とは関係ありません。

(85)　「軽めの食事をとりたい場合、どの朝食が最適でしょうか」

解説　本文で述べられている中でいちばん少量の食事は、bread, juice, and tea or coffee「パン、ジュース、それに紅茶またはコーヒー」から成り、客が「私には量が足りなさそうだ」(It doesn't sound like enough for me.) と述べているので、**a)** の「コンチネンタル・ブレックファースト」が正解です。

b)　「イングリッシュ・ブレックファースト」。

c)　「アメリカン・ブレックファースト」。

d)　「暖かい朝食」。ちなみに、食物に関して hot と言う場合は「辛い」の意味もあります。hot curry「辛いカレー」。

[単語と語法]　● 設問箇所以外の重要なものを挙げます。

by oneself「独りで、自分だけで」(= alone)。follow「(...の後に)ついていく；後から行く[来る]」。let＋人＋know「(人)に知らせる」。decide on ...「...を決める」。order〈名〉「注文」。cf. order〈動〉「注文する」。sound like ...「...のように聞こえる；...のように思える」(= seem)。

how about...?「...はどう[いかが]ですか」。feel like (doing)「(した
いような)気がする」。recommend「(良いものとして)勧める」(= advise)。
have a lot of selections「たくさんの選択がある」とは多数の物の中から
選べるということ。such as...「(たとえば)...のような」。hungry
「空腹な」。反意語は full「満腹な」です。for sure「確かに、きっと」。
Certainly「承知しました、わかりました」。help oneself (to)「...を自
分で取って食べる[飲む]、...を遠慮なくいただく」。Would you care
for...?「...をいかがですか」。plain「(飲食物が)あっさりした、味のつ
いていない」: plain omelet「何も入れない卵だけのオムレツ」。本文にあ
る plain tea は、前文を受けて cream and sugar が入っていない紅茶のこ
とで、海外のレストランで用いることのある言い方です。right away「す
ぐに」(= at once)。

〔Part B〕
[放送の内容]
[F: Female　M: Male]

F: This national park is located in parts of Tokyo, Yamanashi, Kanagawa and Shizuoka prefectures, including the Izu Islands. What do you call this national park?

M: We call it Fuji-Hakone-Izu National Park.

F: I see. Are there any famous sightseeing spots in this park?

M: Yes, there are a lot. The Izu Peninsula has a mild climate, pretty coastal scenery, and abundant recreational facilities and accommodations. This peninsula is sandwiched between Sagami Bay on the east and Suruga Bay on the west. It is well-known for its many hot springs and beautiful views of the Pacific Ocean.

F: It sounds wonderful.

M: In particular, there are many beautiful scenic spots of interest in the southern Izu Peninsula, including Cape Irozaki with its fantastically shaped rocks protruding above the surface of the sea which commands a fine view on clear days. Nearby is Jungle Park, a botanical garden with 3,000 colorful tropical plants of different varieties.

F: I hope I will visit there in the near future.

M:　Sure, you should.

Questions:

(86)　How many prefectures is Fuji-Hakone-Izu National Park spread
　　　 over?

(87)　What is the weather in the Izu Peninsula like?

(88)　What is the name of the bay on the west of the Izu Peninsula?

(89)　What can you enjoy at Jungle Park?

(90)　What is the situation of this conversation?

■解　答■　(86)−b)　　(87)−b)　　(88)−d)　　(89)−a)　　(90)−c)

(86)　「富士箱根伊豆国立公園はいくつの県にまたがっていますか」

解説　本文では、This national park is located in parts of Tokyo,
Yamanashi, Kanagawa and Shizuoka prefectures.「この国立公園は東
京、山梨、神奈川それに静岡の県境にあります」と放送されています。し
たがって、正解は b)「4 県」です。prefecture「県」。spread (over)「広
がる、及ぶ」。

(87)　「伊豆半島の気候はどのようなものですか」

解説　本文では、The Izu Peninsula has a mild climate.「伊豆半島
は温暖な気候です」と放送されています。正解は b) mild「温暖な」です。
反意語は severe「(天候などが)厳しい」です。What is . . . like?「(人・
物・事)はどのような人[もの]か、どんな風[様子]か」: What is your new
office like?「新しいオフィスの様子はどんなですか」。How is your new
office? とは言いますが、How is your new office like? とは言いません。

　　a)　「沿岸風景」。coastal〈形〉「沿岸の」(名詞の前に用います): coastal
city「沿岸都市」。scenery「風景、景色」。

　　c)　「(景色などが)美しい」。

　　d)　「休養の、娯楽の(施設など)」。

(88)　「伊豆半島の西側にある湾の名前を何と言いますか」

解説　本文では伊豆半島 (the Izu Peninsula) について、This penin-
sula is sandwiched between Sagami Bay on the east and Suruga Bay
on the west.「この半島は東側の相模湾と西側の駿河湾に挟まれています」
と放送されています。したがって、正解は d)「駿河湾」です。駿河湾は
静岡県、伊豆半島南端の石廊崎と、遠州灘東端の御前崎とを結ぶ内側の海
域です。sandwich . . . between A and B「. . . を A と B の間に挟む」。

　a)　「九十九湾」。石川県北部、能登半島北東部にある小湾です。

　b)　「相模湾」。神奈川県南部、三浦半島南端の城ヶ島と真鶴半島南端にある真鶴湾を結ぶ線から北側の海域です。

　c)　「東京湾」。東京都、千葉県、神奈川県にまたがり、太平洋と通じる海湾です。

(89)　「ジャングル・パークでは何が楽しめますか」

解説　本文では、Jungle Park について、a botanical garden with 3,000 colorful tropical plants of different varieties「3000種にも及ぶ多種多様な色鮮やかな熱帯植物がある植物園」と放送されています。したがって、正解は **a)**「いろいろな熱帯樹木と花々」です。botanical garden「植物園」。cf. zoological garden「動物園」。tropical「熱帯の」。

　b)　「3000 にも及ぶ奇岩と鉱物」。mineral「(銅・錫などの) 鉱物」。

　c)　「ジャングルに生きる動物と昆虫」。insect「昆虫」: beneficial [harmful] insect「益虫 [害虫]」。

　d)　「多種多様な亜熱帯の鳥類」。subtropical「亜熱帯(性)の」。

(90)　「この会話の状況はどのようなものですか」

解説　この会話では、女性がWhat do you call this national park? とこの国立公園の「名称」を尋ねたのをきっかけに、男性がこの公園内にある、「石廊崎 (Cape Irozaki) の奇岩怪石の風景」や「ジャングル・パーク」といった「観光名所 (sightseeing spots)」について説明しています。**c)**「彼がこの国立公園に関する情報を提供しています」が正解です。

　a)　「彼女はこの国立公園に行ったことがある」。女性は最後のセリフで、「近い将来 (in the near future) 行きたい」と述べています。

　b)　「彼らはこの国立公園にいる」。上述のように女性は「行ってみたい」と言っているので、現在彼らは国立公園にいるのではありません。

　d)　「彼ら2人はこの国立公園に行ったことがない」。本文だけでは不明です。しかし、男性はこの国立公園についての知識が豊富なので行ったことがあるかもしれません。

[単語と語法]　● 設問箇所以外の重要なものを挙げます。

national park「国立公園」。cf. quasi-national park「国定公園」。be located in . . .「(. . . の位置に)ある」。including〈前〉「 . . . を含めて」。反意語は excluding「 . . . を除いて」です。abundant「豊富な」。recreational facilities and accommodations「娯楽施設と宿泊施設」。the Pacific Ocean「太平洋」。in particular「特に」(＝ specially)。scenic spots of interest「風光明媚な場所、観光名所」。fantastically shaped rock「奇妙な形をした岩石、奇岩怪石」。protrude「突き出る」。above the surface of the sea「海面上に」。command a fine view「すばらしい眺めを見渡す (look over)、見下ろす (overlook)」。variety「種類；品種；変種」(= kind, sort)：a variety of (food)「いろいろな(食品)」。

演習問題

《演習 10》
　次の〔Part A〕と〔Part B〕の英語を聴いて、それぞれの内容に関する質問に対する答えとして最も適切なものを a)、b)、c) および d) の中から一つずつ選びなさい。問題はすべて 2 回放送されます。

〔Part A〕
(1)　a) It's Transcontinental Airlines 060.
　　　b) It's Transcontinental Airlines 006.
　　　c) It's Transcontinental Airlines 016.
　　　d) It's Transcontinental Airlines 600.

(2)　a) Ground handling staff.
　　　b) Hotel clerk.
　　　c) Tour conductor.
　　　d) Check-in officer.

(3)　a) Narita.　　　　　　b) Moscow.
　　　c) London.　　　　　 d) Paris.

(4)　a) A red soft bag with a yellow belt.
　　　b) A black suitcase with a yellow ribbon.
　　　c) A yellow suitcase with a black belt.
　　　d) A black suitcase with a yellow belt.

(5)　a) The 11th of this month.
　　　b) The 16th of this month.

c）The 10th of this month.
d）The 12th of this month.

〔Part B〕

(6)　a）On March 30th.　　　　b）On March 13th.
　　　c）On May 13th.　　　　　d）On May 30th.

(7)　a）220 km/h.　　　　　　b）240 km/h.
　　　c）260 km/h.　　　　　　d）300 km/h.

(8)　a）2 hours and 10 minutes.
　　　b）3 hours and 40 minutes.
　　　c）2 hours and 60 minutes.
　　　d）Exactly 4 hours.

(9)　a）Kairaku-en Park.　　　b）Kenroku-en Park.
　　　c）Suizenji Park.　　　　　d）Koraku-en Park.

(10)　a）By sightseeing boat.　b）By rent-a-cycle.
　　　c）By local airline.　　　　d）By bus or train.

解答と解説

《演習 10》

〔Part A〕

［放送の内容］

［**A:** トモコ　　**B:**（空港）係員］

A：　I'm Tomoko from ABC Travel. One of our group members' luggage seems to be lost.

B：　What flight were you on?

A：　Transcontinental Airlines flight 060.

B：　Right, that's Carousel 1, isn't it?

A：　Yes, she has been waiting there for over 30 minutes. But the luggage hasn't come out yet.

B: Where did your party board the flight?

A: At Narita.

B: Oh, the flight made a stopover at Moscow before arriving here. What type of bag is it? Is it a suitcase?

A: Yes. It's a black one with a yellow belt.

B: I have some pictures here of different kinds of bags. Could you pick out one that looks most like hers?

A: Yes, it looks like number two.

B: OK, would you fill in this form? We'll do our best to find the bag. Which hotel are you staying at? We'll let you know as soon as we find the bag.

A: OK, thanks. We are staying at the Wilshire Hotel until the tenth of this month.

Questions:

(1) What flight was the group on?

(2) What is Tomoko's occupation?

(3) Where else did the flight stop before arriving at its destination?

(4) What type of bag did the passenger lose?

(5) Until when are they staying at the hotel?

■解 答■ (1)–a) (2)–c) (3)–b) (4)–d) (5)–c)

(1) 「その団体が搭乗していたのはどの便でしたか」

解説 本文では、係員は What flight were you on?「どの便に搭乗してきましたか」と質問しています。これに対してトモコは Transcontinental Airlines flight 060. と返答しています。したがって、正解は **a)**「トランスコンチネンタル航空060便」です。ポイントは飛行機の「便名」、特に「数字」を的確に聴解することです。

(2) 「トモコの職業は何ですか」

解説 会話の中では明言されていません。しかし本文では、彼女が最初に、I'm Tomoko from ABC Travel. と名乗っていることから旅行社の職員であり、One of our group member という表現から団体客（group members）を世話する人だとわかります。旅行中の団体客を世話する人の職業の「名称・呼称」という観光英語に関する知識が問われます。正解は

c)「添乗員」(tour conductor) です。「ツアコン」とも略称されています。海外では tour escort, tour leader、最近では tour director とも言います。

　　a)　「地上係員」。単に ground staff、また attendant とも言います。

　　b)　「ホテル係員」。hotel staff、またフロント係員は front desk clerk, receptionist とも言います。

　　d)　「搭乗手続き係官」。

(3)　「その便は目的地に到着する前に他のどこに着陸しましたか」

　解説　トモコが、自分の団体客である 1 人の「荷物がまだ荷台から出て来ない」ことを係員に伝えたところ、係員は「どこでその便に乗ったか」(Where did your party board the flight?) を尋ねています。トモコは「成田」(at Narita) と返答します。そこで係員が The flight made a stopover at Moscow before arriving here.「その便は当地に到着する前にモスクワに立ち寄った」と伝えています。したがって、**b**)「モスクワ」が正解です。ポイントは日本語の「モスクワ」という発音に惑わされず Moscow [máskou] の発音を的確に聴解することです。make a stopover at [in] ...「...で途中降機[下車]する、立ち寄る」。at は乗り換えなど短時間、in は滞在する場合に用いる傾向があります。

(4)　「乗客はどのようなバッグを紛失しましたか」

　解説　係員が What type of bag is it? Is it a suitcase?「それはどのようなタイプのバッグですか？　スーツケースですか」と質問しています。これに対してトモコは Yes. It's a black one with a yellow belt.「はい（、スーツケースです）。黄色のベルトのついた黒色のものです」と返答しています。one=suitcase です。ポイントは「スーツケースの色」(a black one) と「ベルトの色」(a yellow belt) を把握することです。正解は **d**)「黄色のベルトのついた黒いスーツケース」です。

　　a)　「黄色のベルト付きの赤くて軟らかいバッグ」。

　　b)　「黄色のリボン付きの黒いスーツケース」。付いているのはリボンではありません。

　　c)　「黒いベルト付きの黄色いスーツケース」。スーツケースとベルトの色が逆です。

(5)　「乗客はホテルにいつまで滞在していますか」

　解説　トモコはウィルシャーホテルでの滞在期間に関して、We are staying at the Wilshire Hotel until the tenth of this month.「ウィルシャー

ホテルに今月の 10 日まで滞在します」と言っています。この「数字」を
的確に聴解することが問われます。正解は c) の「今月の10日」(the tenth
of this month) です。

　a)「今月の 11 日」。b)「今月の 16 日」。d)「今月の 12 日」。

[単語と語法]　● 設問箇所以外の重要なものを挙げます。
carousel「(空港の)円形[回転式]ベルトコンベヤー」。この上に運ばれてく
る荷物を乗客は受け取ります。come out「出てくる；現れる」。board (the
flight)「(飛行機に) 乗る」。look like ...「...に似ている」。この like は
形容詞として more、most などで修飾できます。look most [a little]
like「もっとも[少し]似ている」。fill in「(用紙などに)記入する」(= fill
out)。

〔Part B〕
[放送の内容]

　A Kyushu Shinkansen named 「Tsubame」 started operations on
March 13th. The new Shinkansen runs between Shin-Yatsushiro
Station in Kumamoto Prefecture and Kagoshima-chuo Station in
Kagoshima Prefecture.

　The top speed of this bullet train is 260 km/h. If you travel by this
Shinkansen with a connection with the local limited express, you can
reach Kagoshima from Fukuoka in only 2 hours and 10 minutes. It
took 3 hours and 40 minutes before the new Shinkansen began
operating. If you go back to Kumamoto City, you can see the very
beautiful Kumamoto-jo Castle and the famous traditional garden
named Suizenji Park as well as many other sights.

　When you arrive at Kagoshima-chuo Station, change to the local
train or local bus for the end of the Satsuma Peninsula. Located there
is one of the most famous hot-spring resorts in Kyushu, named
Ibusuki Onsen.

Questions:

(6)　When did the new Shinkansen start its operation?

(7)　How fast can the new Shinkansen run?

(8)　If you use the new Shinkansen and the local limited express

train, how long does it take from Fukuoka to Kagoshima?
(9)　What is the most famous traditional park in Kumamoto City?
(10) How can you go to Ibusuki Onsen from Kagoshima City?

■解　答■　(6)－b)　　(7)－c)　　(8)－a)　　(9)－c)　　(10)－d)
(6)　「新しい新幹線はいつ開業しましたか」
解説　九州新幹線の「つばめ号」の開業日を問われています。operation「(機械などの)運転、操業；営業」。本文冒頭に started operations on March 13th「3月13日に開業した」とあります。したがって、正解は b)「3月13日」(March 13th) です。選択肢にある「3月」(March) と「5月」(May) を区別すること、「13日」(thirteenth) を的確に聴解し、「30日」(thirtieth) と混同しないことがポイントです。
(7)　「新しい新幹線はどのくらいの速さで走行可能ですか」
解説　新幹線の最高速度が問われています。本文では The top speed of this bullet train is two hundred (and) sixty kilometers per hour.「この新幹線の最高速度は時速260キロ」と説明しています。top speed「最高速度」(= the maximum speed)。bullet train「弾丸列車、新幹線」。数字を正確に聴解することがポイントです。したがって、正解は c)「時速260キロ」(260 km/h) です。260は two hundred (and) sixty と読みます。通常、米国では and を入れませんが、英国では and を入れて読みます。/h の h は hour の短縮形で、per hour と読みます。
(8)　「新しい新幹線と地方の特急列車を利用すれば、福岡から鹿児島までどのくらい(の時間が)かかりますか」
解説　新幹線と地方の特急列車を利用する場合にかかる「福岡—鹿児島間の所要時間」に関して問われています。本文では If you travel by this Shinkansen with a connection with the local limited express, you can reach Kagoshima from Fukuoka in only 2 hours and 10 minutes「もし地方の特急列車と乗り継いでこの新幹線を利用した場合、福岡から鹿児島にわずか2時間10分で到着する」と説明しています。その直後に、3 hours and 40 minutes「3時間40分」という時間が出てきますが、これは新幹線開業前 (before the new Shinkansen began operating) にかかった時間なので混同しないことです。したがって、正解は a)「2時間10分」(2 hours and 10 minutes) です。limited express (train)「特急列車」。connection「(交通機関の)接続、連結、乗り継ぎ」。

(9)　「熊本市にある最も有名な伝統的な公園は何ですか」

解説　熊本市の有名な「公園」の名称に関して問われています。本文では、the famous traditional garden named Suizenji Park と説明されています。したがって、正解は **c**) Suizenji Park「水前寺公園」です。水前寺公園は、「立田自然公園」（熊本藩細川家の菩提寺泰勝寺を公園化したもので、細川ガラシャ夫人の墓がある）と並んで熊本を代表する庭園で、正式には「水前寺成趣園」と言います。1636 年に別荘として藩主細川忠利が創建し、清澄な湧泉と築山山水式の回遊庭園で知られています。公園の特徴は、富士山や琵琶湖のような美しい景観をミニチュアで模したことです。庭園には東京・京都間にある「旧東海道五十三次」を表した人工的な小丘が配されています。

　選択肢 a)・b)・d) をまとめて「日本三名園」と呼んでいます。

　a)　「偕楽園」（茨城県）。1842 年に水戸藩主徳川斉昭が造園し、100 種以上もある梅の木のある回遊式庭園で知られています。

　b)　「兼六園」（石川県）。加賀藩前田家によって造園された江戸時代の代表的な大名庭園。庭園には 3 つの人工の丘と 2 つの池があります。特に 1 本の足は水中に、もう一本は小島に立つ「石灯籠」はこの庭園のシンボルです。

　d)　「後楽園」（岡山県）。1700 年に岡山藩主池田綱政が造らせた回遊式庭園です。後楽園を借景にして壮観な岡山城が見えることで知られます。

(10)　「鹿児島市から指宿温泉までどのようにして行けますか」

解説　本文では、Ibusuki Onsen「指宿温泉」という語が登場する直前の部分に行き方が説明されているので、注意が必要です。When you arrive at Kagoshima-chuo Station, change to the local train or local bus for the end of the Satsuma Peninsula.「鹿児島中央駅に着いたら、薩摩半島の先端へ行く地元の列車またバスに乗り換えなさい」とあります。したがって正解は **d**)「バスまたは列車で」です。ちなみに、指宿には長い海岸に沿った温泉街があり、海岸近くに「天然砂風呂」（着物を着た入浴者が首まで熱い砂に埋められる）のあることで有名です。

　a)「観光船で」。b)「レンタサイクルで」。c)「ローカル航空路線を利用して」

[単語と語法]　● 設問箇所以外の重要なものを挙げます。

name「（人・物を）名づける」: a doctor named Smith「スミスという名の医者」。run「（ある距離を）走行する；（列車・バスなどが定期的に）運行

する」: The buses run every ten minutes. 「バスは 10 分おきに運行します」。castle「城」(t は発音しない)。sight「観光名所」。the Satsuma Peninsula「薩摩半島」。鹿児島県本土の南西部にある半島です。開聞岳(富士山に似ているので別名「薩摩富士」)やカルデラ湖の池田湖(大ウナギの生息地)の景観、またサツマイモやカツオ節の生産で知られています。特に、武家屋敷と特攻隊の地である「知覧」は有名です。

【監修者略歴】

山口百々男（やまぐち ももお）サレジアン・カレッジ（哲学科・神学科）。ラテン語・イタリア語に精通。ハーバード大学留学（英語）。東京大学研修（教育）。大阪星光学院中学・高等学校及びサレジオ学院高等学校の元教頭。旧通訳ガイド養成所（現・文際学園日本外国語専門学校及び大阪外語専門学校）の元初代校長兼理事（創業に参画）。全国専門学校日本語教育協会（元理事）。英検1級2次面接元試験官。全国語学ビジネス観光教育協会（元理事）付属観光英検センター顧問。『和英・日本の文化・観光・歴史辞典（三改訂）』（三修社刊、カシオ電子辞書版）、『和英・日本文化辞典（第18刷）』（the Japan Times 刊、日本図書館協会選定図書）、『英語通訳ガイド試験・問題と解説（八訂版）』、『和英・日本のことわざ成語事典』（研究社刊）など著書多数。

KENKYUSHA

〈検印省略〉

かんこうえい ご けんてい し けん
観光英語検定試験
もんだい かいせつ きゅう
問題と解説［3級］
（四訂版）

2021年7月30日 初版発行

編　　者　　全国語学ビジネス観光教育協会・観光英検センター
監 修 者　　山 口 百 々 男
発 行 者　　吉 田 尚 志
印 刷 所　　研究社印刷株式会社

発 行 所　　株式会社　研 究 社
　　　　〒102-8152 東京都千代田区富士見 2-11-3
　　　　電話 03 (3288) 7711　（編集）
　　　　　　 03 (3288) 7777　（営業）
　　　　振替 00150-9-26710